PATI CURI
PATRICIA CHACCUR
TIAGO TAMBORINI

COMO EDU CAR NO SÉCULO XXI?

O GUIA ANTIPÂNICO PARA PAIS E MÃES

EDITORA
Labrador

Copyright © 2018 de Pati Curi, Patricia Chaccur e Tiago Tamborini
Todos os direitos desta edição reservados à Editora Labrador.

Coordenação editorial
Diana Szylit

Projeto gráfico, diagramação e capa
Felipe Rosa

Revisão
Marina Saraiva
Karen Daikuzono

Dados Internacionais de Catalogação na Publicação (CIP)
Angelica Ilacqua CRB-8/7057

Curi, Pati
   Como educar no século XXI? : o guia antipânico para pais e mães / Pati Curi, Patricia Chaccur, Tiago Tamborini . — São Paulo : Labrador, 2018.
   144 p.

ISBN: 978-85-87740-25-0

1. Educação de crianças 2. Adolescentes - Criação 3. Relações familiares 4. Pais e filhos 5. Papel dos pais e cuidadores 6. Educação - Participação dos pais I. Título II. Chaccur, Patricia III. Tamborini, Tiago.

18-1665   CDD 649.1

Índice para catálogo sistemático:
1. Educação de filhos

Editora Labrador
Diretor editorial: Daniel Pinsky
Rua Dr. José Elias, 520 – Alto da Lapa
05083-030 – São Paulo – SP
Telefone: +55 (11) 3641-7446
contato@editoralabrador.com.br
www.editoralabrador.com.br

A reprodução de qualquer parte desta obra é ilegal e configura uma apropriação indevida dos direitos intelectuais e patrimoniais do autor.

A Editora não é responsável pelo conteúdo deste livro.
Os Autores conhecem os fatos narrados, pelos quais são responsáveis, assim como se responsabilizam pelos juízos emitidos.

SUMÁRIO

PREFÁCIO 5
CAROS LEITORES 8
CAPÍTULO 1 – INFÂNCIA 12
    1. QUERO MEU *TABLET*! (ISABELA, 5 ANOS) 13
    2. EU JÁ DISSE QUE NÃO CONSIGO DORMIR SOZINHO (TOMÁS, 7 ANOS) 22
    3. COMO NASCEM OS BEBÊS? (LUIZA, 6, E RICARDO, 8 ANOS) 28
    4. NÃO QUERO MAIS IR PARA A ESCOLA! (JOÃO, 10 ANOS) 33
CAPÍTULO 2 – ADOLESCÊNCIA 41
    5. A VIDA É MINHA, EU FAÇO O QUE EU QUISER (BÁRBARA, 12, PIETRA, 14, E ANTÔNIO, 16 ANOS) 42
    6. MEU CELULAR, MINHA VIDA (GABRIELA, 13 ANOS, E LAURA, 16 ANOS) 49
    7. CALMA, AINDA NÃO VOU TRANSAR! (RAFAELA, 14 ANOS) 55
    8. NINGUÉM ME ENTENDE NESTA CASA (HENRIQUE, 15 ANOS) 61
    9. NÃO AGUENTO MAIS ESSA ESCOLA! (FREDERICO, 15 ANOS) 67
    10. VOCÊ NUNCA CONFIA EM MIM (GIULIA, 15, E ALDO, 17 ANOS) 74
    11. CHEGA DE PEGAR NO MEU PÉ, MÃE (MARIANA, 15, E LUCAS, 17 ANOS) 79
    12. EU SÓ ESCUTO "NÃO" NESTA CASA! (BIANCA, 16 ANOS) 85
    13. MEUS AMIGOS PODEM TUDO, EU NÃO POSSO NADA (ALICE, 16 ANOS) 90

14. MINHA VIDA É UM TÉDIO (FELIPE, 16 ANOS) 95
15. QUERIA SER ADVOGADO, MAS DECIDI SER *YOUTUBER* (VICTOR, 16 ANOS) 100

CAPÍTULO 3 – SEXO E DROGAS NA ADOLESCÊNCIA 107

16. TODO MUNDO VIU MINHAS FOTOS, MINHA VIDA ACABOU (JOANA, 14 ANOS) 108
17. SE NÃO TIVER BEBIDA, NINGUÉM VEM (FERNANDA, 15 ANOS) 114
18. DE VEZ EM QUANDO NÃO VICIA, PAI (LEONARDO, 16 ANOS) 119
19. SOU O ÚNICO QUE NÃO PODE TRAZER A NAMORADA PARA DORMIR EM CASA (ARTHUR, 17 ANOS) 127
20. NÓS FICAMOS JUNTAS, MAS EU NÃO SOU *GAY* (SOFIA, 17 ANOS) 132

CAPÍTULO 4 – MAIORIDADE 138

21. FIZ 18, NINGUÉM MANDA MAIS EM MIM (NICHOLAS, 17 ANOS) 139

PREFÁCIO

Somos pais e mães do século XXI, responsáveis por uma geração que nasceu on-line. Enfrentamos desafios diários ligados à saúde, à educação e ao comportamento dos nossos filhos e temos de lidar ainda com *smartphones*, *tablets*, *youtubers*, redes sociais, grupos de WhatsApp, jogos eletrônicos e por aí vai.

Mas como administrar tudo isso que veio junto com nossos bebês? A internet já faz parte da vida de todos, só que não é ela quem vai educar nossas crianças. Essa missão continua sendo nossa.

Por mais que a gente tente acertar, há situações que fogem ao controle. Nos damos conta de que não damos conta. Então, como manter o diálogo, estar por perto, cuidar deles no mundo real e também no virtual?

A resposta é: estar cada vez mais bem informado, por dentro do que acontece. E buscar fontes seguras. Com informação de qualidade, boa orientação, respeito e muito amor, o caminho com nossas crianças e adolescentes tende a se tornar mais suave.

Nunca ninguém disse que seria fácil. Criar filhos dá, sim, trabalho. É um compromisso assumido. Portanto, temos o dever de estarmos atentos, de fazermos parte da vida deles. É preciso respeitar a idade de cada criança, sem querer antecipar nem estender fases; entender que é necessário saber conversar (falar e ouvir), mas também impor autoridade quando necessário. E não há por que temer a adolescência.

Assim como devemos ensinar nossos pequenos a buscarem conteúdo seguro, temos que dar o exemplo e fazer o mesmo. Mergulhar no conhecimento de profissionais como Tiago Tamborini é garantia de navegar por informações de credibilidade.

Conheço Tiago desde quando ele participou do Papo de Mãe (atualmente, Momento Papo de Mãe, que apresento com Roberta Manreza na TV Cultura) pela primeira vez, em 2009. Desde então, passei a ser admiradora do seu trabalho e a acompanhar seu percurso. A experiência que Tiago tem em consultório, atendendo tantas famílias, conhecendo de perto suas angústias e vivências, faz com que ele hoje possa promover com muita habilidade a integração entre pais e filhos. O resultado está nas palestras que ele faz por todo o país, encantando e ajudando plateias, nas entrevistas que ele costuma dar na mídia e no grupo de que participa no Facebook, o "Como Educar no Século XXI?", orientando pais, mães e educadores.

O grupo foi criado por Pati Curi, uma pedagoga apaixonada pela possibilidade de fazer da troca de experiências entre famílias um importante aprendizado. E Pati não se deu por satisfeita com o grupo: quis transformá-lo em livro, convidando Tiago para responder as principais dúvidas de pais e mães. E o time ficou completo com Patricia Chaccur, experiente executiva de marketing, palestrante, escritora e uma verdadeira apaixonada pela maternidade. Juntos, os três deram forma a este livro, que leva o mesmo nome do grupo na rede social.

Filhos vêm mesmo sem manual e não há receitas milagrosas. Mas a troca de experiências, com orientação de quem entende do assunto, traz uma ajuda enorme a problemas comuns a todas as famílias. A ideia aqui não é ditar regras, até porque o que funciona numa casa pode nem sempre funcionar em outra. Podemos dizer que este livro é uma prestação de serviços, um guia, com um formato bem claro, direto e profundo. Toca, inclusive, em temas delicados, porém necessários: *bullying*, álcool, drogas, sexo, sexualidade. E cada pai, cada mãe, vai poder aproveitá-lo como achar melhor, de acordo com a fase que seus filhos estiverem vivendo, da infância à adolescência.

Quando falamos dos nossos filhos e filhas, tratamos do nosso afeto maior. Todos se identificam, nas alegrias, nas tristezas e até nas dúvidas. Como pais e mães, temos sempre algo a aprender para poder ensinar. Então, vamos descobrir nas próximas páginas alguns ensinamentos. Este é um livro para ler e reler. Afinal, temos em mãos a enorme responsabilidade de criar os adultos do futuro.

Mariana Kotscho
Jornalista e apresentadora do
Momento Papo de Mãe/TV Cultura
Julho de 2018

CAROS LEITORES

É com muita alegria que apresentamos este livro a vocês, fruto de uma deliciosa parceria entre mim – Pati Curi, educadora –, o psicólogo Tiago Tamborini e a escritora Patricia Chaccur.

A ideia original deste livro surgiu a partir de um grupo do Facebook criado por mim em 2016: "Como Educar no Século XXI?". O objetivo era oferecer um espaço seguro de discussões e reflexões a pais e mães que, como eu, muitas vezes não se sentiam seguros na educação dos filhos.

Embora eu mesma seja educadora, sei que, para ser mãe, não existe fórmula.

Da paixão pela educação aos desafios da maternidade, foram tantos os caminhos percorridos, tanta bagagem adquirida... Tive uma trajetória de crescimento e amadurecimento, de experiências e vivências, de erros e acertos, de sucesso e frustração.

Dos ensinamentos da faculdade de Pedagogia e da experiência em sala de aula ao quarto do bebê, dos livros às cólicas, da juventude à maturidade, foram tantos comentários, tantas interferências, tanta experiência, tantos conselhos – de avós, tias, amigas, professoras, orientadoras...

Por que os filhos não vêm com manual de instrução? Por que fazemos de tudo para acertar e, às vezes (muitas vezes!), erramos? Por que essas questões se transformam em dilemas, e os dilemas em angústias?

Estamos no século XXI e são tantas mudanças... Como fazemos? Como educamos nossos filhos?

Hoje sou mãe de duas adolescentes. Sou aquela mãe mais tradicional, em um mundo contemporâneo, novo, diferente... Embora eu acredite na minha conduta, os desentendimentos acontecem, e constantemente me pergunto se estou certa mesmo.

E assim, em meio ao caos da maternidade e muitos desabafos, acabei descobrindo que não estava sozinha nessa incrível jornada de educar os filhos: estava lendo o relato de uma mãe desesperada que pedia opiniões sobre liberar ou não bebida alcoólica aos filhos menores de idade, e os comentários foram tantos que tive a ideia de criar um grupo. Fui convidando amigos, que por sua vez começaram a convidar amigos, que também começaram a convidar outros amigos... Até que hoje, dois anos depois, somos mais de três mil!

As dúvidas e os dilemas sempre foram muito parecidos: Estou fazendo certo? Meu filho me ama? Quando eu digo "não" e ele diz que me odeia, isso é verdade? Será que eu o faço passar vergonha perante os amigos? Será que, quando ele apronta, está pedindo mais atenção? Será que estou sendo omissa? Ah, e ainda tem a escola, os eletrônicos, a bebida, as drogas, o lado social...

Começamos a trocar experiências e a compartilhar, a auxiliar, a opinar. Somos pais de crianças pequenas e pais de adolescentes; pais caretas e pais modernos; pais que mimam; pais que sufocam e pais que oferecem maior autonomia e liberdade; pais que dialogam e pais que dizem "Não, porque não!". Não importa: cada um de nós acredita na sua conduta e quer o melhor para os respectivos filhos. Mas, seja como for, os dilemas e as questões sempre aparecem. O que nos une é a busca desse melhor, de um caminho seguro e saudável, para que nossos filhos sejam felizes.

Enquanto as reflexões cresciam, fui apresentada ao querido Tiago Tamborini, renomado psicólogo clínico e palestrante, com vasta experiência em comportamento infantil e adolescente. Com muito carinho, ele embarcou no nosso grupo e nos presenteou com bate-papos incríveis, fazendo com que enxergássemos nosso papel de pais sob prismas mais seguros e assertivos.

Em meio a todo esse movimento maravilhoso, veio a ideia de poder trocar muito mais, de alcançar outros pais que poderiam estar, assim como nós, nesta constante busca do melhor para os filhos. E eu disse: "Tiago, que tal escrevermos um livro com base nas perguntas, nas dúvidas e nas discussões do grupo? Posso personificar pais e mães imaginários. Faço as perguntas e você oferece conselhos... Algo diferente, coloquial, intimista, como um diálogo".

Então demos início à criação deste livro. Mas, enquanto as ideias estavam lá, florescendo sem parar, sentimos que faltava uma organização, alguém que transformasse as perguntas e respostas em um texto fluido, gostoso de ler e fácil de consultar. Lembrei, então, da Patricia Chaccur, uma bem-sucedida executiva de marketing e palestrante que largou a carreira por um ano para se dedicar ao filho, então com 9 anos. A Patricia era membro do grupo do Facebook e havia publicado diversos textos sobre dilemas na educação do filho.

E assim nosso trio se formou: eu, com as ideias dos questionamentos, o Tiago, com as mais valiosas respostas, e a Patricia, com a composição da narrativa. Foi graças a esse trio que pudemos dividir todas estas dicas preciosas com vocês, leitores.

O resultado foi muito mais do que respostas ou formas de conduta e sucesso. Foi uma grande reflexão sobre comportamento humano que permitirá a cada um de nós, dentro da sua crença e valores, seguir adiante na educação dos filhos. Agora, temos um leque mais amplo de possibilidades e certezas.

Boa leitura!

Pati Curi

CAPÍTULO 1
Infância

1.
"QUERO MEU *TABLET*!"

JULIANA, MÃE DE ISABELA, 5 ANOS
Minha filha de 5 anos não tem mais interesse em brincar. Suas bonecas e brinquedos ficam largados, enquanto ela só quer assistir à TV e usar o *tablet*. Como lidar com isso? É como se ela não estivesse vivenciando a infância.

TIAGO
Talvez seja interessante responder a essa pergunta com uma história. Vou contar mais ou menos como seria um dia típico da minha época de criança, por volta dos 10 anos...

Naquele tempo, eu estudava à tarde e, por isso, logo que acordava, minha primeira atitude era ir para a televisão, assistir ao programa do Bozo – um dos grandes "pedagogos" da geração dos anos 1980 e 1990...

Com a Vovó Mafalda, Papai Papudo e todas as brincadeiras absolutamente inadequadas que eles faziam.
Depois disso, eu podia escolher entre Xuxa, Angélica e Mara Maravilha. Na hora do almoço, começava a TV Colosso... Quem se lembra disso? Alguns cachorros que ficavam fazendo palhaçadas, entre um desenho e outro. A cereja do bolo era, antes de ir para a escola, almoçar vendo Chaves, com toda a cultura e expressividade de que ele era capaz.

> **PRECISO DEIXAR CLARO QUE NENHUM APARELHO ELETRÔNICO É CAPAZ DE DESTRUIR UMA GERAÇÃO.**

Então, chegando à escola, minha missão era esconder dos professores o fone de ouvido do meu *discman*. Aliás, era uma versão supermoderna, daquelas que eu podia balançar e o movimento não interferia na música. Mas era importante que eu colocasse o fone por trás da orelha, para que os professores não me vissem usando; porque, se vissem, pegariam meu *discman* e só devolveriam na reunião de pais.

No final da tarde, eu voltava para casa e a primeira coisa que fazia, enquanto comia um lanche ou jantava, era ligar a televisão. Aí, na maioria das vezes, estava passando uma novela ou jornal.

O mais incrível é que ainda sobrava tempo para eu andar de bicicleta, brincar de pique-esconde, jogar bola, soltar pipa, jogar bolinha de gude e tantas outras coisas que eu costumava fazer na rua.

Acho que essa história não soa muito atípica para todos os que passaram pelas gerações de 1980 e 1990, não é mesmo? Quantos de nós tivemos como grandes mestres os apresentadores de televisão, ou os personagens dos desenhos... Eu vejo hoje algumas pessoas criticando a Peppa Pig, mas duvido que quem critica não tenha visto Tom & Jerry, Pica-Pau e todas as sacanagens que acompanhavam esses desenhos. O que estou querendo dizer com isso é que devemos ter muito cuidado para não problematizar uma geração, desconsiderando o fato de que os problemas mudam, mas muitas vezes há semelhança entre eles.

O computador, o *tablet*, o celular e o *videogame* não são, necessariamente, os grandes vilões desta geração, ou os responsáveis pelos jovens não estarem na rua jogando bola e andando de bicicleta.

Na verdade, tudo isso veio para ficar e não podemos lutar contra os avanços tecnológicos. Temos, sim, que saber usá-los a nosso favor; por exemplo, nas áreas da educação, da saúde, da comunicação... Existem usos legais e interessantíssimos para a tecnologia, por isso não podemos dizer que ela é simplesmente algo ruim e que traumatiza as crianças.

Outra coisa que preciso deixar claro é que nenhum aparelho eletrônico é capaz de destruir uma geração. Nós mesmos fomos educados com a televisão, nas décadas de 1980 e 1990, e nem por isso somos uma geração perdida. Sim, talvez sejamos pessoas que leem menos, que perderam um bom tempo que poderia ter sido usado adquirindo cultura, mas não somos uma causa perdida.

Também precisamos olhar para a questão do exagero. Mas o que exatamente seria um uso exagerado da tecnologia? É quando seu filho ou filha está conectado(a) a um celular, *tablet* ou *videogame*, a ponto de prejudicar uma vida saudável.

Agora, o que é uma vida saudável? É uma vida na qual a troca social existe, o olho no olho existe, o esporte e o lazer existem, o sono existe... Então, a partir do momento em que a criança passa a ter um ou mais desses fatores prejudicados, podemos saber que ele está exagerando.

JULIANA
Consegui entender a analogia, e essa história até me levou a uma longa e gostosa viagem no tempo... Fomos, sim, a geração da televisão e de outras invenções tecnológicas. Mas, por outro lado, tínhamos uma educação mais rígida, com regras e disciplina.

O que me apavora é perceber que minha filha, tão nova ainda, já esteja imersa nesse mundo eletrônico. Como posso mensurar o que é um uso exagerado?

TIAGO
A questão é que o exagero pode acontecer tanto em uma hora de uso da tecnologia por dia quanto em cinco horas. Isso não está estritamente ligado ao tempo em que seu filho fica nesses aparelhos, mas sim às consequências que eles trazem.

Se a criança tem uma vida saudável, se está indo bem na escola, se é responsável e estuda, lê, pratica esportes, brinca, tem amigos, dorme na hora certa, talvez ela possa ficar mais tempo no computador, celular ou *tablet*. Esta criança está conseguindo equilibrar o uso da tecnologia dentro das suas diversas atividades.

Agora, se o seu filho está descomprometido com os estudos, se ele está trocando o dia pela noite, se não tem amigos, não faz esportes, não sai, não se diverte... Neste caso, talvez o limite de uma hora de uso diário de aparelhos eletrônicos já seja muito.

Aqui podemos abordar outra questão, um pouco mais delicada, que é o papel dos pais diante disso tudo. Eu tenho uma opinião bem definida sobre esse assunto: não acredito que uma criança ou um jovem deixe de estudar porque está no *videogame*, ou que deixe de andar de bicicleta porque está no *tablet*, ou deixe de jogar bola porque está no celular. Eu acho que é o contrário: porque a criança e o adolescente não jogam bola, vão para o celular; porque não andam de bicicleta, ficam no *tablet*; porque não estudam, não largam o *videogame*. Dá para entender a sutil diferença?

Essa diferença está no olhar e no retorno deste olhar. Se você oferece a uma criança ou a um jovem reais condições de estímulos que vão além da tecnologia, eles reagem bem. Experimente pegar uma criança de 4 ou 5 anos, que fica vidrada em desenhos da Peppa Pig, e colocá-la em um ambiente com tinta, massinha de modelar, giz de cera, uma folha grandona de cartolina... Tente fazer com ela uma tarde gostosa de bagunça e veja se ela vai se negar diante dessa oferta.

Eu acredito que você vai se surpreender: vai ver sua filha extremamente conectada com essa delícia que é se sujar de tinta, brincar de massinha, desenhar. Fazer aquelas brincadeiras de contornar a mão e depois pintar... Sinceramente, eu duvido que ela não curta esse momento.

O problema é que somos uma geração de pais que se acomodaram na crítica ao uso exagerado da tecnologia e não perceberam que essa acomodação é, na verdade, muito prática.

"Meu filho não sai do celular", a mãe reclama. Mas ela não tem pulso firme para dar limites durante o jantar, por exemplo, quando deveria, por obrigação, dizer à criança: "Agora não, aqui é olho no olho, é troca... eu, você e seu pai, é um momento da família".

É difícil fazer isso. Dá trabalho. O filho chora, reclama, faz birra, mas tem que ser feito. Os pais não podem ter medo – nem preguiça – de contrariar os filhos. Mas vocês chegaram muito cansados do trabalho, vão criar caso com o filho agora? Sim, claro que sim! A colocação de limites não pode ser prejudicada pela acomodação, ou estes pais terão que encarar piores consequências lá na frente.

Outra situação complicada acontece quando a família sai ou viaja para momentos de lazer, e a criança permanece o tempo inteiro grudada no celular. Não quer brincar, conhecer outras crianças, nadar na piscina, aproveitar o lazer de um hotel, as dinâmicas de recreação... Os pais muitas vezes não percebem que essa criança, na verdade, precisa ser orientada. Ela precisa de adultos que digam: "Aqui, não! Esse celular – ou *tablet* – fica comigo agora, porque não vai funcionar assim".

Os pais também precisam estar disponíveis, dispostos a brincar com os filhos, a sentar no chão e se sujar, fazendo propostas de diversão que não estejam relacionadas a aparelhos eletrônicos. "Ah, Tiago, mas meu pai e minha mãe nunca sentaram para brincar comigo e nem por isso fiquei horas diante de celular, *tablet* e *videogame*." Sim, simplesmente porque na sua infância nada disso existia. Mesmo assim, a televisão fazia um pouco desse papel.

> **O PROBLEMA É QUE SOMOS UMA GERAÇÃO DE PAIS QUE SE ACOMODARAM NA CRÍTICA AO USO EXAGERADO DA TECNOLOGIA E NÃO PERCEBERAM QUE ESSA ACOMODAÇÃO É, NA VERDADE, MUITO PRÁTICA.**

Mas, se você é de uma geração anterior àquela que teve influência da televisão, bem... aí, realmente, não tinha como ter nada disso, pelo simples fato de que não havia opção. Mas a realidade é que, hoje, essas coisas existem. E você precisa ser esse contraponto, essa pessoa que vai propor outras atividades, que vai sentar junto com seu filho e tentar fazer a parte lúdica saltar-lhe aos olhos e que, se necessário, vai estabelecer limites de uso de tecnologia.

Se o seu filho já é um pouco maior, com 8 ou 9 anos, essa ludicidade precisará ser apresentada de outras maneiras. Talvez você tenha que propor atividades nas quais o interesse dele esteja envolvido, como boliche, *kart*, *skate*, *paintball*... Se a sua condição financeira não permitir essas coisas, basta procurar por um parque ou centro de convivência com algum tipo de atividade musical ou teatral. Existem, atualmente, inúmeras possibilidades e locais com atividades espetaculares de que os jovens gostam, com as quais eles se conectam, e que nem sempre têm custo.

Se o seu filho já entrou na adolescência, é importante mudar o seu modo de olhar para tudo isso. Muitos pais de adolescentes sofrem com o fato de verem os filhos trancados no quarto, sem muita motivação e distantes da família. Nessa hora, usar os aparelhos eletrônicos é ainda mais interessante. Tudo isso é normal na adolescência. Agora é hora de dar espaço para o seu filho e permitir que ele se afaste um pouco do mundo que conhece: o familiar! Claro que os exageros ainda devem ser observados, a dedicação aos estudos, o convívio social com amigos e o mínimo de troca familiar devem existir, mas aumente a sua tolerância.

Em resumo, pensar no uso exagerado da tecnologia é, antes de mais nada, avaliar se há exagero ou se ele está apenas no nosso olhar, se nós mesmos não estamos exagerando em dizer que isso é um problema generalizado da humanidade.

O exagero existe quando determinada ação prejudica uma relação saudável do indivíduo com seu meio – a convivência com o outro, as obrigações do dia a dia, o projeto de vida e a saúde. Se este for o caso, devem ser tomadas medidas de controle e, como disse, devem ser sugeridas alternativas de diversão para a criança ou o adolescente. Os adultos têm, sim, uma obrigação importante de colocar limites em seus filhos e de estimular outras atividades.

Uma criança não se nega à vida; e a vida, para uma criança, não se resume ao *tablet*. A vida para uma criança é brincar, e o *tablet* é só uma das maneiras que ela tem para fazer isso. Se for a única, ficará apenas nela.

JULIANA
Maravilhosa reflexão... me tocou profundamente e me fez lembrar daquele tempo em que ser criança era ter as bochechas rosadas, a testa suada, os uniformes sujos, os gibis, as brincadeiras de pintar e recortar, os livros de contos de fadas antes de dormir... Era um tempo em que correr, pular e gargalhar significavam simplesmente ser criança, e não hiperativo!

TIAGO
Sim! Essa é a ideia. Vejo famílias muito preocupadas com o quanto o filho está preso ao celular, mas pouco preocupadas em criar reais momentos de interação com essa criança ou adolescente. Por vezes, colocam inúmeras atividades extracurriculares na vida dos filhos e nem percebem que, com isso, impedem o tempo livre para o ócio ou o brincar. O pouco tempo que sobra é para o celular ou o *videogame*. Oferecer diferentes atividades e possibilidades de convívio para as crianças faz parte da nossa responsabilidade.

2.
"EU JÁ DISSE QUE NÃO CONSIGO DORMIR SOZINHO"

MARCOS, PAI DE TOMÁS, 7 ANOS
Meu filho não dorme no quarto dele, só na minha cama. Ele alega ter pesadelos e diz que sente medo. A situação já dura mais de um ano, e não sei mais como lidar com as noites mal dormidas e as discussões que já começam a surgir entre minha esposa e eu. Como posso resolver isso?

TIAGO
Essa é uma questão polêmica. Não são apenas os pais que divergem sobre o assunto, mas também profissionais das áreas de Pediatria, Psicologia, Pedagogia e Psiquiatria. Por mais que possa surpreender, alguns profissionais defendem o conceito de "cama compartilhada", ou seja, que os filhos possam, sem problema algum, dormir na cama dos pais. Os apoiadores dessa

ideia valorizam a relação de carinho e afeto que esta prática, segundo eles, gera.

Eu, porém, sou absolutamente contra os filhos dormirem na cama dos pais. Claro que existem algumas exceções! Seu filho está doente, mais sensível e precisando de cuidados? Não tem problema ele passar algumas noites na sua cama. Seu filho vivenciou uma situação de estresse severo (um assalto, acidente, contusão) e precisa se sentir um pouco mais seguro? Você pode acolhê-lo na sua cama, lógico. Ou você quer criar um momento diferente, fazer uma noite gostosa de cinema com pipoca no quarto dos pais? Muito legal!

No entanto, se seu filho estiver fazendo da sua cama a cama dele, cuidado!

O primeiro grande problema de permitir que isso aconteça se refere aos limites que seu filho precisa respeitar: cada um tem seu quarto e seu direito à privacidade. O segundo problema tem relação ao espaço que seu filho vai ocupar, pois ele deveria entender que esse lugar não é dele. O terceiro problema se relaciona ao necessário aprendizado de enfrentamento dos medos.

No primeiro caso, quando seu filho ocupa sua cama e você permite que isso aconteça, está perdendo a oportunidade de impor limites claros a ele. Negar o acesso à sua cama é uma das formas de ensinar seu filho a respeitar limites, o que é fundamental para o desenvolvimento dele. Seu filho precisa entender que não pode tudo, mesmo que ele queira muito. Pode ser difícil convencê-lo disso, mas o momento também pode ser usado como uma oportunidade de aprendizado para a vida.

A segunda questão é que seu filho vai ocupar um espaço de fantasias que não pertence a ele. Entenda que, para uma criança, a cama do papai e da mamãe esconde segredos importantes ao seu imaginário: "O que será que papai e mamãe fazem juntos?". O desenvolvimento saudável da sexualidade de seu filho depende deste cuidado.

MARCOS
E quando os pais são separados? Isso não é um problema tão grande?

TIAGO
É um problema também. Mesmo quando os pais estão separados, se um deles mora sozinho e não está em nenhum relacionamento, deixar que o filho ocupe sua cama é deixá-lo ocupar um mundo que simplesmente não pertence a ele. É muito importante que os filhos entendam que, mesmo que o pai ou a mãe estejam sozinhos, a cama deles não é um lugar de livre acesso. Quem dorme com a mamãe ou o papai não é o filhinho! Essa é uma boa maneira de ensinar a seu filho que ele não pode tudo. Será importante para a vida dele entender isso, você não acha?

MARCOS
E se o medo dele for real? Não sei mais o que dizer para acalmar meu filho quando ele chora, fica ansioso e quase entra em pânico, dizendo que tem pavor de ficar sozinho.

TIAGO

Essa é a terceira questão, sobre a qual já comentamos brevemente. A conquista da autoestima e da maturidade dependem de alguns estímulos, entre os quais está o desenvolvimento da capacidade de enfrentar os medos. Para que tome consciência das suas forças, a criança precisa aprender a lidar com o "monstro dentro do armário", ou qualquer outra coisa que o assuste. Por isso, ajude seu filho a entender o que causa o sentimento de temor, em vez de negar esse importante aprendizado.

> É MUITO IMPORTANTE QUE OS FILHOS ENTENDAM QUE, MESMO QUE O PAI OU A MÃE ESTEJAM SOZINHOS, A CAMA DELES NÃO É UM LUGAR DE LIVRE ACESSO.

Existem algumas maneiras de ajudá-lo a enfrentar o monstro. Você pode, por exemplo, criar uma personagem imaginária que será a combatente do monstro. Desenhe essa personagem com ele, costure um boneco de pano e crie uma história. Você também pode criar amuletos protetores, confeccionados de forma caseira.

Outra opção é colocar pequenos "alarmes", coisas que possam fazer barulho caso o quarto seja "invadido". Use sua imaginação!

Essa será uma missão complexa, mas importantíssima. Quanto mais tempo seu filho passar na sua cama, mais tempo levará para sair dela.

Os pais só devem iniciar a transição quando estiverem seguros de que conseguirão ir até o final. Começar e depois parar é tão ou mais prejudicial do que deixar tudo como está. Portanto, no caso de pais que moram juntos, é necessário que o casal esteja unido nessa tarefa, porque se um ceder, volta-se à estaca zero. Para que você se sinta fortalecido durante o processo, lembre-se que isso fará bem para seu filho. E vale lembrar que ele deseja essa independência, acredite!

É bem provável que seu filho crie alguma resistência no início, e que se mostre bastante contrariado com a ideia. Os medos podem agravar as birras e as chantagens. O segredo é manter o foco e não recuar, pois a tendência é que essa objeção vá diminuindo.

Comece de maneira gradual. Pode ser interessante colocar prazos: explique ao seu filho quais são as mudanças que vão ocorrer, deixando claro quando elas vão começar. Você deve fazer propostas que permitam que ele faça escolhas, como: "Filho, você prefere que eu fique no seu quarto até você adormecer ou quer ficar apenas com a porta aberta, sabendo que eu estarei acordado?". É esperado que ele escolha sempre o que mantém você mais perto, mas isso é bom.

No início, portanto, você o colocará para dormir, ficando no quarto dele até que ele pegue no sono. Quando ele perceber que você tem o controle e que não vai

> A CRIANÇA TENDE A CRIAR RESISTÊNCIA, CHORAR, CHANTAGEAR, DEMONSTRAR SOFRIMENTO. AGORA, SE VOCÊ CONSEGUIR SER MAIS RESISTENTE DO QUE SEU FILHO, TUDO DARÁ CERTO!

recuar quanto à ideia de mantê-lo no quarto dele, ele passará a adormecer com mais facilidade. Aqui começa a segunda fase do processo: você não precisará mais aguardar que ele durma, ficará apenas algum tempo ali. A próxima etapa será sair do quarto ainda mais rápido, e assim por diante.

Não espere que tudo isso aconteça de forma harmônica e tranquila. A criança tende a criar resistência, chorar, chantagear, demonstrar sofrimento. Agora, se você conseguir ser mais resistente do que seu filho, tudo dará certo! Pode ter certeza disso.

MARCOS
Depois que meu filho voltar a dormir sozinho, como devo agir se ele aparecer no meu quarto após um pesadelo? Se devo evitar que ele durma comigo, como poderei confortá-lo?

TIAGO
Os pais podem permitir que o filho venha para o seu quarto esporadicamente. No caso de um pesadelo, por exemplo, é perfeitamente aceitável que você o acolha. Tome apenas o cuidado de analisar se estes pesadelos são reais ou se ele utiliza este argumento para ficar com você. Use sua sensibilidade e, se desconfiar que há uma certa "manipulação" da situação, volte a impor os limites já descritos.

3.
"COMO NASCEM OS BEBÊS?"

TEREZA, MÃE DE LUIZA, 6, E RICARDO, 8 ANOS
Estávamos no carro quando minha filha me perguntou, do nada: "Mãe, como eu nasci?". Levei um susto e, sem pensar muito, respondi: "Pelas mãos do médico, na maternidade". E ela emendou: "Não, mãe! Como eu entrei na sua barriga?". Sem saber o que dizer, procurei desviar o assunto. Nisso, meu filho entrou na conversa com a dúvida: "Mãe, o que é sexo?". Eu não estava preparada para essa pergunta e respondi a primeira coisa que me veio à cabeça: "Sexo significa feminino ou masculino".

Ele se contentou com a resposta, e o assunto parou por aí. Fiquei pensando, porém, se já está na hora de explicar sobre o ato sexual, ou se ainda é cedo. Qual a melhor maneira de abordar o assunto?

TIAGO
Agir sempre com naturalidade! Este é, sem dúvida, um bom ponto de partida quando o assunto envolve a curiosidade que os filhos demonstram sobre sexo.

A sexualidade é um tema regado de fantasias, sendo muito natural e saudável que uma criança queira saber de onde veio. Lidar de forma receptiva e tranquila com esses momentos "curiosos" dos filhos é a base para a construção de uma relação de confiança, abrindo portas para diálogos importantes ao longo de toda a infância e principalmente na adolescência, o que vai contribuir para um saudável desenvolvimento da sexualidade deles.

TEREZA
A minha grande dúvida é: como dosar a comunicação? Até onde devo chegar?

TIAGO
Antes de mais nada, é importante que você identifique exatamente onde está pautada a curiosidade da criança, porque muitas vezes ela não está ligada diretamente ao sexo, mas a um questionamento comum a esta fase do seu desenvolvimento. Ela quer saber de onde veio, da mesma forma que quer saber de onde vem a maçã, o passarinho ou onde moram os super-heróis.

Assim, é importante que possamos identificar qual o conhecimento prévio que qualquer pergunta carrega, já que, para apresentar uma dúvida, a criança partiu de algum tipo de informação.

Quando soubermos o que a criança já sabe sobre o que está perguntando, devemos adequar a resposta a este conhecimento inicial. Não adianta querer categorizar a resposta de acordo com a idade, uma vez que este não é um bom parâmetro de análise.

Você não deve tratar o assunto como um tabu. Ao contrário, precisa lidar com a questão com tranquilidade, para que esta seja uma conversa como qualquer outra. Assim, vocês começarão a construir uma relação de confiança no assunto da sexualidade, o que será fundamental para que haja abertura e troca de conselhos e informações quando seus filhos estiverem na adolescência.

Em geral, na primeira vez em que a criança pergunta de onde veio, ela não está nem um pouco curiosa sobre a sexualidade envolvida nessa história. Basta, portanto, responder de forma simples, como você fez: "Da barriga da mamãe!".

Em um segundo momento do desenvolvimento infantil, e sua filha demonstrou já estar nesta fase, a pergunta poderá vir com alguma curiosidade que envolva a sexualidade de maneira mais subjetiva, algo como o questionamento que ela fez: "Mas como eu fui parar dentro da barriga da mamãe?". Neste caso, deve-se ampliar o teor da explicação para algo mais aprofundado. Isso não quer dizer que você vai precisar falar sobre sexo, mas responder apenas que ela veio da sua barriga não será suficiente. Sugiro que você explique sobre as diferentes formas de carinho que os casais trocam. Uma boa dica é fazer uso de materiais lúdicos e específicos para crianças, como filmes, livros e desenhos. Há várias opções interessantes no mercado. Converse com a escola e pesquise nas livrarias, e você certamente terá uma lista de possibilidades.

Em um terceiro momento, a curiosidade costuma vir com um conhecimento prévio mais aprimorado, ou seja, a criança já tem hipóteses mais reais sobre como esta história de ter ido parar na barriga da mãe aconteceu. Esse é o momento de ampliar a orientação dada até essa idade. Ainda não é necessária uma aula sobre sexo, mas deve-se abordar o tema de uma maneira mais direta. Explicar, por exemplo, que um casal adulto faz uma troca afetiva num momento de amor e intimidade, quando as partes genitais se tocam e geram a possibilidade da gravidez. Se a investigação do conhecimento prévio indicar que a criança já tem ideia do que é sexo, não tenha receio de explicar. Seu filho de 8 anos pode já estar nessa fase, e este conhecimento prévio pode vir de situações que comentaremos no item 7 deste livro.

Eu recomendo que os pais se preparem com antecedência para perguntas desse tipo, porque, conforme as crianças crescem, as questões se tornam mais desconcertantes: o que é camisinha? Como faz para usar? O que é sexo oral? O que é orgasmo? O que é gozar?

> **VOCÊ NÃO DEVE TRATAR O ASSUNTO COMO UM TABU. AO CONTRÁRIO, PRECISA LIDAR COM A QUESTÃO COM TRANQUILIDADE, PARA QUE ESTA SEJA UMA CONVERSA COMO QUALQUER OUTRA.**

Essas são apenas algumas das dúvidas que podem aparecer e, mais uma vez, lidar com naturalidade e objetividade fará toda a diferença. Não encare questões desse tipo como algo ruim e nunca fuja da responsabilidade de respondê-las. É bastante positivo que as crianças façam perguntas "difíceis"; isso indica que elas têm uma relação aberta e confiável com você, o que amplia o laço afetivo entre pais e filhos.

O meu principal conselho sobre questionamentos ligados a sexo é: responda – e esclareça – apenas o que for perguntado. Não se antecipe. A própria criança vai sinalizar até que ponto ela precisa saber, então não procure antecipar questões para as quais ela ainda não está preparada.

É comum surgir entre os pais a dúvida sobre quem deve falar com os filhos sobre esse assunto. De maneira geral, a mãe é mais indicada para falar com as meninas, e o pai, com os meninos, mas isso não é uma regra. Deixe que a própria criança eleja a pessoa mais indicada. Você vai perceber isso naturalmente.

Aproveite a chance, abra caminho para o diálogo e oriente!

4.
"NÃO QUERO MAIS IR PARA A ESCOLA!"

MARCELO, PAI DE JOÃO, 10 ANOS
Meu filho é um ótimo aluno e sempre gostou da escola. Há algumas semanas, porém, ele começou a procurar pretextos para faltar às aulas, e eu não deixei, até porque não havia razão para isso. Os finais de domingo viraram uma tortura para nós, porque ele chora, desesperado, dizendo que não irá à escola no dia seguinte. Depois de muita conversa, consegui perceber que ele está sendo ameaçado e chamado de *nerd* por um menino, que já é conhecido por atormentar várias crianças. Fiquei surpreso ao perceber que meu filho, um garoto carismático e comunicativo, cheio de amigos, esteja sofrendo *bullying* sem saber se defender.
Sinto que preciso encorajá-lo e ajudá-lo a resgatar sua autoestima, mas como faço isso?

E como lido com a questão do *bullying*? Devo conversar com a escola?

TIAGO

As discussões em torno do tema *bullying* definitivamente não são unânimes. Há quem defenda absolutamente todo e qualquer tipo de agressão como *bullying*. Outros apontarão as ações mais intensas e cruéis como forma de *bullying*. E ainda encontramos quem acredite que *bullying* não existe. É comum ouvirmos discussões em que pessoas defendam, inclusive, que o *bullying* sempre existiu, apenas não recebia essa nomenclatura.

Entendo que o *bullying* se caracteriza por agressões físicas ou verbais, cometidas por um ou mais indivíduos, contra uma ou mais pessoas, que acontecem de forma repetitiva e têm a intenção de gerar dor e/ou sofrimento. O *bullying* pode acontecer de modo presencial e/ou à distância, através de redes sociais, por exemplo.

Considerado uma grave causa de depressão infantojuvenil, o *bullying* tem causado grandes estragos na condição emocional de diversas crianças e adolescentes.

Pela minha experiência como psicólogo clínico, posso atestar que a ocorrência de *bullying* é bastante frequente. Este tipo de comportamento deve ser cuidadosamente observado por todos os responsáveis pela educação e cuidado de jovens, seja pai ou mãe, seja professor ou educador de qualquer natureza. É fundamental que se identifique o problema e, mais do que isso, que se conheçam as ferramentas apropriadas para lidar com estas situações, conforme citarei adiante.

Não podemos esquecer, porém, que nem tudo é *bullying*. A presença de conflitos nas relações entre crianças ou adolescentes pode ser absolutamente normal. Devemos sempre apelar à nossa sensibilidade e avaliar caso a caso. Jovens são provocativos por natureza, tendem a buscar o confronto e, algumas vezes, são maldosos. Ainda que seja imprescindível repreender qualquer ato de agressão, é essencial que se interprete o problema com as lentes corretas e sem exageros. Um colega provocou uma discussão com seu filho ou, pior, seu filho foi agredido na escola? Na ocasião do primeiro relato, ou seja, após uma única ocorrência, não se pode acusar o infrator de ser um *bully* ("*bully*", quero esclarecer, é quem pratica *bullying*). Pode ter havido um desentendimento entre as crianças, e uma delas reagiu de maneira mais agressiva. Se o conflito for logo enterrado e elas voltarem a ser amigas, levando vida normal, não houve *bullying*. Precisamos tomar o cuidado de não classificarmos qualquer agressão verbal ou física como *bullying*, ou criaremos filhos frágeis diante do enfrentamento do outro. Esta fragilidade gera uma incapacidade de se

> **NÃO PODEMOS ESQUECER, PORÉM, QUE NEM TUDO É *BULLYING*. A PRESENÇA DE CONFLITOS NAS RELAÇÕES ENTRE CRIANÇAS OU ADOLESCENTES PODE SER ABSOLUTAMENTE NORMAL.**

colocar limites nas atitudes abusivas do outro, e esse problema persistirá durante a vida adulta.

Agora, se a agressão promovida pelo outro, tanto verbal quanto física, mostrar-se frequente, trata-se de um típico caso de *bullying*. E pela sua narrativa, percebo que seu filho está passando por isso.

Descrevo aqui um "passo a passo" sobre como lidar com a situação.

> **A PRIMEIRA COISA QUE VOCÊ PRECISA FAZER É ESCUTAR SEU FILHO. TENTE ENTENDER O QUE ESTÁ ACONTECENDO E BUSQUE O MAIOR NÚMERO DE INFORMAÇÕES QUE PUDER.**

A primeira coisa que você precisa fazer é escutar seu filho. Tente entender o que está acontecendo e busque o maior número de informações que puder. Esta, talvez, não seja uma tarefa simples. Muitas crianças e adolescentes que sofrem desse problema tendem a se fechar por diversas causas, que podem envolver medo, angústia, insegurança ou até mesmo inabilidade em falar sobre o assunto. É compreensível que a criança tenha dificuldade para narrar os detalhes do que está acontecendo, porque ao contar a própria história, ela bate de frente com sua incapacidade de enfrentar o agressor, o que faz com que se sinta humilhada.

Compreendido o teor das agressões, passe para o segundo passo: procure a escola ou o ambiente em que o problema estiver instaurado. Busque ajuda de coordenadores, professores e responsáveis. Exija um posicionamento e um olhar mais cuidadoso sobre o dia a dia da criança na escola. Se necessário, peça uma reunião com os pais dos alunos que estão praticando o *bullying*.

Num terceiro momento, avalie o tamanho do estrago já causado pelo problema e, caso perceba seu filho muito abalado para lidar com a situação sozinho, busque o auxílio de um psicólogo.

Num quarto momento, procure identificar qual ou quais posturas o deixam mais vulnerável, ou seja, que tipo de comportamento poderia fazer dele um alvo de *bullying*. Identificar e evitar este comportamento, quando possível, poderá acabar com a situação problemática. É claro que a criança deve ser respeitada nas diferenças que apresenta, e a ideia não é mudar a personalidade dela, moldando seu comportamento ao do grupo. Mas é possível notar em algumas crianças um comportamento que gera o *bullying*. Brincadeiras inadequadas ou provocativas, irritabilidade, baixo limite para frustração e imaturidade exagerada para aquele momento de vida são alguns exemplos disso.

Ajude seu filho a lidar com a situação. Você deve deixar claro para ele que, apesar de ter sido a vítima das agressões, ele não precisa assumir esse lugar. Na maioria das vezes, o *bully* dirige seus ataques aos que demonstram mais fragilidade diante das relações. Assim, busque fortalecer seu filho com muito diálogo, e dê a ele condição para enfrentar o problema. Resgatar nele a autoestima, demonstrando suas competências, é absolutamente essencial. Ensiná-lo a lidar com as frustrações também. Saber diferenciar uma brincadeira natural da idade de uma real agressão também ajuda.

Por fim, esteja sempre atento aos limites que todos nós possuímos. O sofrimento da vítima de *bullying* pode se tornar insuportável e, neste caso, devem ser tomadas atitudes mais drásticas, como a mudança de escola, por exemplo. Este seria um último recurso, claro, mas pode chegar a ser necessário.

Afastar a vítima do autor de *bullying* não é, porém, a solução definitiva. Se a criança não tiver sua autoestima fortalecida, é provável que ela se torne vítima de outros *bullies* que encontrar pela vida. Ou seja, a criança muda de ambiente, mas a situação se repete. E isso acontece com frequência, infelizmente. Para conseguir se blindar do *bullying*, a criança precisa de encorajamento e orientação que permitam que ela supere suas inseguranças.

A identificação das atitudes que possam transformar esta criança em alvo de *bullying*, como já citei, é fundamental. Se tais atitudes não forem evitadas, a história se repetirá.

No entanto, noto que a discussão sobre *bullying* fica sempre muito limitada às dificuldades de quem foi alvo da agressão, mas pouco se fala sobre as fraquezas do agressor, que também devem ser trabalhadas. Talvez o termo "fraqueza" tenha soado estranho, não? Saiba que foi proposital.

Eu vejo pais que até se orgulham de ter um filho que pratique *bullying*, achando que é muito mais vantajoso ser o agressor, visto com um certo ar de superioridade, do que ser a vítima. Será?

Assim como a vítima de *bullying* deve ser fortalecida para que não se submeta a novos episódios, o *bully* também precisa de ajuda.

É bem comum que as atitudes de um agressor estejam relacionadas à sua dificuldade em lidar com a própria insegurança ou medo. Diminuir o outro é uma forma de sentir-se maior, não é mesmo? Mas por que alguém teria essa necessidade, se já estivesse bem consigo mesmo? A busca por validação diante do grupo, a necessidade de parecer forte, e o medo de ser a vítima são, no geral, os grandes responsáveis pela prática de *bullying*. É claro que existem muitos outros motivos, mas seria impossível abordar todos aqui.

> A IDENTIFICAÇÃO DAS ATITUDES QUE POSSAM TRANSFORMAR ESTA CRIANÇA EM ALVO DE *BULLYING*, COMO JÁ CITEI, É FUNDAMENTAL. SE TAIS ATITUDES NÃO FOREM EVITADAS, A HISTÓRIA SE REPETIRÁ.

Desse modo, os pais ou responsáveis pelo *bully* também têm um papel importantíssimo na história, que vai além de alertar o filho para evitar as agressões. É preciso que se identifique o gatilho para esta agressividade – geralmente ligado a inseguranças – e que a autoestima dessa criança também seja fortalecida.

Com a prática do *bullying* tornando-se cada vez mais presente, nós, os pais, precisamos refletir sobre o nosso papel diante desse problema. O que torna um filho agressor ou agredido? Não tenho essa resposta, mas a reflexão é necessária para que não tenhamos que continuar a conviver com isso nas próximas gerações.

MARCELO
Diante da sua observação em relação à criança que está provocando meu filho, passo a refletir em relação ao próximo. Não vejo mais essa criança como um tormento, mas como alguém que precisa de ajuda. Sinto que não devo apenas focar no problema do meu filho, mas também agir de maneira conjunta com os pais do *bully*, pois, pelo que entendi, ambos precisam de ajuda.

TIAGO
Sim! Entender que ambos precisam de ajuda é o melhor caminho para criarmos soluções. Os pais de crianças que sofrem *bullying* têm a tendência natural e compreensível de tratar a questão com a mesma agressividade que o filho pode estar sendo tratado. Isso não vai ajudar. Busque ver os diversos pontos envolvidos e terá melhores chances de sucesso.

CAPÍTULO 2

Adolescência

5.
"A VIDA É MINHA, EU FAÇO O QUE EU QUISER"

VICTÓRIA, MÃE DE BÁRBARA, 12; PIETRA, 14; E ANTÔNIO, 16 ANOS

Tenho três filhos, dois são adolescentes. Adoro estar com eles nos momentos de lazer e acredito que não importa a quantidade de tempo, mas a qualidade.

Isso sempre deu certo, mas agora sinto que a coisa fugiu do controle... Meu filho mais velho não respeita horários, não tem dado atenção aos estudos, tem se embebedado com frequência e está numa euforia anormal. As meninas de 12 e 14 anos, que cresceram com todos os cuidados, estão começando a seguir os passos do irmão. A de 14 tem saído muito, e acho que está bebendo também. A de 12 quer estar o tempo todo em festinhas ou na casa das amigas.

O meu filho não me ouve, e tem se tornado uma péssima influência para as irmãs. Acho que perdi o controle. O que eu faço?

TIAGO

Quando se pensa em algo relacionado a perder o controle dos filhos, na fase da adolescência, a primeira coisa que precisamos pensar é qual o tipo de controle que os pais acreditam estar perdendo. Nesta idade, é comum que o jovem dê mais trabalho e se distancie um pouco da família. Um adolescente saudável vai querer fazer as próprias escolhas e ir atrás do que deseja. Com isso, vai acabar se afastando um pouco dos pais.

Nesta fase, o adolescente começa a valorizar muito mais as amizades, os namoros, a sexualidade. Por causa dos novos vínculos afetivos, ele acaba criando uma resistência em seu relacionamento com os pais, quase que negando essa relação. Portanto, é normal que você tenha mais dificuldade de controlar seu filho. É uma idade em que, além de tudo isso, o jovem fica mais agressivo, mais ansioso e muitas vezes oscila entre ansiedade e apatia.

Neste contexto, a primeira coisa que a mãe e o pai precisam analisar é se a falta de controle que estão sentindo é natural da fase pela qual o adolescente está passando.

O fato é que os pais terão que aprender a dosar sua preocupação e aceitar os momentos em que realmente não terão controle sobre os filhos, permitindo que esses adolescentes vivam suas próprias experiências, seus acertos e erros. É fundamental que os jovens possam errar e que se percebam diante desses erros, para que aprendam com eles.

VICTÓRIA
Então não devo me preocupar? As bebedeiras e as madrugadas na rua são normais? E também este distanciamento, como se a casa fosse um hotel, onde ele apenas aparece para tomar banho e dormir?

TIAGO
Existe um limite, claro, que depende do quanto você tem considerado seu filho emocionalmente saudável. Vamos imaginar que ele esteja chegando frequentemente alcoolizado em casa. Ou que você descobriu que ele está fumando maconha, que está indo mal na escola e não quer se comprometer com os estudos. Ele apresenta agressividade ou está sempre isolado, demonstrando apatia em relação a tudo e a todos. Isso inclui amigos, namoro... Ou seja, para esse adolescente, nada está legal. Neste caso, a perda de controle pode estar indo além do normal mesmo. Cabe aos pais avaliar a situação com cuidado e, se for preciso, buscar ajuda.

Mas quais são as principais causas dessa perda do controle? Os pais poderiam estar agindo de maneira errada, e com isso afastando os filhos? Há diversas possibilidades, mas existem indícios que dão alguns parâmetros sobre o que pode estar acontecendo.

O primeiro deles pode ser que você demorou a entender que seu filho se tornou um adolescente e, por isso, ele acabou rompendo com sua necessidade de controle de uma vez só – e do jeito errado. Todo adolescente precisa buscar autonomia e, às vezes, a única forma que ele encontra para isso é pela rebeldia.

O segundo indício é que talvez ele tenha sido uma criança educada com muita permissividade, que sempre ganhou tudo, a quem houve uma entrega das conquistas da vida. Como ele acredita que tudo será sempre fácil, está apenas buscando prazeres e situações agradáveis. Ele sempre viveu pelo princípio do prazer e nada mais justo do que achar que seus desejos são simplesmente... direitos! Complicado, não? E, como na adolescência os interesses do jovem encontram-se longe do convívio com os pais, é natural que ele se afaste e não queira mais nenhum tipo de controle para, assim, poder continuar curtindo seus prazeres.

> **TODO ADOLESCENTE PRECISA BUSCAR AUTONOMIA E, ÀS VEZES, A ÚNICA FORMA QUE ELE ENCONTRA PARA ISSO É PELA REBELDIA.**

Outra possibilidade está no quanto você tem sido invasiva, de algum modo desrespeitando os limites dele com os amigos, com a namorada (ou namorado), não permitindo que ele tenha intimidade e privacidade. Adolescentes precisam de espaço para ficar sozinhos, seja por conta das descobertas que a sexualidade permite (masturbação, por exemplo), seja para que possam sentir-se livres.

Há também a possibilidade do afastamento gerado pela invalidação. Isso acontece com o adolescente que cresceu sem qualquer tipo de reforço positivo, sempre ouvindo dos pais que "não fazia mais do que a obrigação" e que só teve seus aspectos ruins sendo destacados. É natural que esse jovem queira negar um vínculo que é danoso em sua vida.

Por fim, outro motivo de rompimento pode ser a fraqueza dos pais na liderança, na direção da educação desses adolescentes. Pais que não conseguem se posicionar diante dos filhos e impor limites, com medo de que os jovens reajam negativamente e se afastem, são exatamente os que acabam, por isso mesmo, provocando esse afastamento. Um adolescente que percebe pais amedrontados vai fazer uso disso em benefício próprio, ainda que não exista maldade em suas intenções. Afinal: "Meu pai não consegue me dar limites, minha mãe não consegue me dizer 'não', por isso vou ter tudo o que eu quero".

VICTÓRIA
Eu entendi como identificar as possíveis causas desse afastamento, mas não consigo imaginar como retomar a nossa relação e o controle. Será que ainda dá tempo?

TIAGO
É possível, sim, retomar esse controle, caso você o tenha perdido ou esteja perdendo. Para que isso aconteça, é preciso primeiro avaliar todas as circunstâncias colocadas aqui e ver em que situação você se encaixa. A segunda atitude é buscar em você mesma a confiança daquela pessoa que educa. Entender que, en-

quanto adulta, experiente e madura, com uma série de vivências, você tem muito a contribuir com seus filhos nesta fase da vida e que precisará retomar este controle a partir de pequenas ações.

Estas ações envolvem a proximidade com seu filho, um olhar mais cuidadoso, um "não" mais efetivo. Gosto da ideia de pais onipresentes – que estão em todos os lugares e sabem o que está acontecendo. Saber para onde seu filho vai e com quem ele está, apesar de não necessariamente estar lá, é muito importante. Você acaba percebendo, por exemplo, que buscá-lo na balada é uma forma de se aproximar desse jovem, impondo a regra de que ele só sairá de lá com você.

Saber ouvir os filhos é outra forma importante de aproximação. Nem sempre precisamos de um diálogo para ouvi-los, podemos interpretar sinais, "pescar" pequenas frases que indicam algo, compartilhar olhares. Todas essas são possibilidades de escuta, de compreensão. Quando nós, psicólogos, estamos diante de um paciente, não ouvimos apenas o que ele fala, mas também como ele fala, em que circunstâncias, de quem fala. Tente fazer isso com seu filho. Ficará mais fácil acessar, até onde for saudável e possível, o

> **PAIS QUE NÃO CONSEGUEM SE POSICIONAR DIANTE DOS FILHOS E IMPOR LIMITES, COM MEDO DE QUE OS JOVENS REAJAM NEGATIVAMENTE E SE AFASTEM, SÃO EXATAMENTE OS QUE ACABAM, POR ISSO MESMO, PROVOCANDO ESSE AFASTAMENTO.**

emocional dele e assim compreender o que ele está vivendo ou querendo lhe dizer com tal atitude.

Neste livro, sugerimos uma série de atitudes que podem ajudar os pais a serem mais firmes e retomarem esse controle. Quando falamos sobre álcool e outras drogas, damos dicas a respeito do que se deve fazer. O mesmo com a sexualidade, o vínculo com os amigos... Nesse sentido, um apanhado de várias respostas pode ser útil para restabelecer essa relação, o que, sem dúvida, é possível e viável. Você só precisa ter confiança em si mesma.

6.
"MEU CELULAR, MINHA VIDA"

FRANCINE, MÃE DE GABRIELA, 13, E LAURA, 16 ANOS
Minhas filhas passam o dia inteiro com o celular na mão, e isso me enlouquece. Parece que o aparelho é uma extensão do corpo – um segundo cérebro, um terceiro olho, a continuação da mão. Não dá nem para saber onde eles se perdem mais, se nas redes sociais ou nos *chats*. Precisam dividir tudo com os amigos, da roupa que vão usar na balada ao novo corte de cabelo, do prato do restaurante às fofocas...
Com esse uso constante da tecnologia, os adolescentes mudam de humor a cada minuto, ou a cada foto ou mensagem recebida. Tudo depende se o "*crush*" respondeu ou não à mensagem, se a resposta coincidiu com as expectativas... O que fazer com esse vício?

TIAGO

Esta geração de crianças e adolescentes já nasceu com a tecnologia nas mãos. O celular é só uma das ferramentas, e a mais presente. Entendo a sua pergunta do seguinte modo: Como ajudá-los a ter uma boa relação com a tecnologia?

Antes de tudo, avalie como anda a sua própria relação com a tecnologia. Qual é o exemplo que você dá? Desde o nascimento, seus filhos têm aprendido pela observação. Os comportamentos que eles desenvolvem derivam do que presenciam em casa. Claro que existem outros fatores de influência, mas será que você consegue manter uma relação saudável com seu celular, por exemplo?

FRANCINE

Eu evito usar o celular durante as refeições, mas, fora disso, acabo usando com frequência. Muitas vezes é trabalho, mas também já dei umas enganadas nelas: "A mamãe está resolvendo uma coisa importante!".

TIAGO

Os adultos são os exemplos. Um dia desses eu estava em um parque com minha filha e notei que havia mais quatro crianças em outros balanços. Todos os pais estavam digitando no celular enquanto balançavam as crianças, ou seja, totalmente desconectados daquele momento. Em vez de uma real interação com os filhos, aqueles adultos preferiam interações virtuais com outras pessoas.

Precisamos nos observar! Muitas vezes não são apenas os filhos que estão com problema; os pais também. Desvincular-se do celular na mesa do jantar ou em momentos de convívio com a família é essencial, tanto para as crianças como para os adultos. Pense nisso e faça uma autoanálise antes de julgar seus filhos.

FRANCINE
Eu entendo a sua colocação. Não ficaria desatenta se minhas filhas fossem pequenas e exigissem mais atenção, mas elas já são grandes. E também não fico tirando *selfies*. Normalmente, estou checando as mensagens, porque pode ser algo importante.

TIAGO
Cada instante de convívio com nossos filhos é único e irrecuperável, em qualquer idade que eles tenham. Por isso é importante estar presente e aproveitar ao máximo, sem interferências.

A partir do momento em que você souber administrar sua relação com a tecnologia, terá ainda mais argumentos para monitorar seus filhos.

Agora, vamos falar sobre como evitar que crianças e adolescentes sejam tragados pela tecnologia.

Você já passou por isso outras vezes: quando teve que educar suas filhas para que aprendessem a comer usando os talheres, quando as ensinou a não colocarem os pés sobre o sofá, a tomarem banho sozinhas, entre tantas outras coisas. Ensinar faz parte do seu trabalho.

Agora é a hora de fazer a mesma coisa com o celular. Se você acha que o uso está exagerado, oriente e, se julgar necessário, proíba. Preste atenção em como fazer isso, porque já vi pais enviando mensagem pelo WhatsApp para mandar o filho desligar o aparelho. Seja coerente e lembre-se de que é você que passa o exemplo.

Imponha os limites que julgar apropriados, mesmo que isso seja difícil e desgastante. Você pode determinar que ninguém leve o telefone à mesa durante as refeições e que elas também não o usem no carro, enquanto você as leva à escola, por exemplo. Estes serão momentos dedicados ao diálogo, à troca entre vocês.

Outra questão é quando assuntos sérios e importantes são tratados por mensagens com os filhos. Não acho que isso seja saudável, portanto, tenham cuidado. Se o seu filho não puder ter uma conversa direta com os pais, olho no olho, com quem mais ele terá? Não vale usar como argumento que a única forma de conversar com ele é por WhatsApp. Jamais permita isso. Você é a autoridade e é você que deve determinar como a comunicação será estabelecida. É assim que será na vida real.

> **IMPONHA OS LIMITES QUE JULGAR APROPRIADOS, MESMO QUE ISSO SEJA DIFÍCIL E DESGASTANTE.**

Preocupa-me observar no mercado de trabalho, por exemplo, uma geração de jovens estagiários e *trainees* que não sabem trabalhar em grupo, que são incompetentes para participar de uma reunião, que fogem de diálogos presenciais. Muitas dessas dificuldades derivam da maneira como vêm se relacionando com outras pessoas desde que nasceram.

São pouco estimulados a trocas presenciais, ao diálogo sério e às argumentações.

Outro fator importante diz respeito ao imediatismo que carregam. Acostumados com tudo no "aqui e agora", essa é uma geração que não aprendeu a esperar. Acreditam que a vida funciona como nas mensagens do WhatsApp: manda, visualiza, responde, agora, já! Não é incomum que um jovem de vinte e poucos anos acredite que, em menos de seis meses de trabalho, já deva ser promovido. Isso é ruim e prejudicial à carreira deles. Cabe aos pais apresentarem um mundo real, criando contrapontos a essas características: falta de inteligência interpessoal e imediatismo.

FRANCINE
Mas como? Como os pais conseguem manter os filhos cientes da realidade neste mundo tão instantâneo?

TIAGO
Os pais devem aproveitar todas as boas oportunidades do dia a dia, abolindo discussões importantes por mensagens de texto, fazendo com que os filhos convivam com novas pessoas ou novas culturas em passeios e viagens e orientando-os a participar de cursos extracurriculares que promovam interações e desenvolvam a expressividade, como teatro, música e dança.

Há pais que dizem: "Eu tento, mas eles não querem fazer nada disso! Eles se negam a ir ao teatro ou a fazer programas culturais!". Como assim? Exigir que seu filho o acompanhe em uma boa peça de teatro ou viaje com você seja lá para onde for é seu direito e dever. Ele não precisa gostar, mas deverá fazer. Expor seu filho a tudo que enriquece a cultura e a compreensão do mundo é urgente e necessário.

Não deixe de considerar, porém, que as crianças e adolescentes de hoje fazem parte de uma geração diferente da sua e, portanto, possuem hábitos distintos dos seus. A tecnologia é apenas uma das diferenças, e não adianta lutar contra ela. Entenda que eles podem e vão usar todas as novidades tecnológicas que caírem em suas mãos. O importante, e seu discernimento e disciplina são primordiais para isso, é saber aconselhar e até mesmo restringir o uso da tecnologia, evitando abusos e impedindo que não haja mais interação entre vocês. Com sua orientação, seus filhos terão mais chances de saber como e quando pode-se usar o celular.

7.
"CALMA, AINDA NÃO VOU TRANSAR!"

GIOVANNA, MÃE DE RAFAELA, 14 ANOS
Minha filha já teve dois namoradinhos e, nas nossas conversas, introduzo com frequência o assunto sexo. Ela responde, meio evasiva, que ainda não está no momento... Será mesmo? Devo levá-la ao ginecologista, por precaução?

TIAGO
A primeira coisa a se considerar, quando o assunto é sexo na adolescência, é que os estímulos ao desenvolvimento da sexualidade vêm acontecendo cada vez mais cedo. Hoje as crianças convivem com isso de maneira bastante precoce – não com a sexualidade em si, mas com este estímulo. Se você digitar "beijo na boca" no YouTube, vai encontrar tutoriais em que jovens mostram como se faz. Se prestar atenção nos

filmes de super-heróis, aos quais muitas crianças hoje em dia têm acesso, vai perceber uma sexualização enorme – alguns desses filmes, inclusive, possuem cenas de sexo. Se você observar as propagandas na TV, e muitas vezes até o conteúdo que o Facebook disponibiliza para o público infantil, também vai perceber esse estímulo. O apelo sexual invade a vida dos nossos filhos muito mais cedo do que aconteceu com outras gerações.

> DIVERSAS PESQUISAS MOSTRAM QUE OS JOVENS DE HOJE NÃO USAM CAMISINHA, PORQUE SIMPLESMENTE NÃO TÊM MEDO DE DOENÇAS SEXUALMENTE TRANSMISSÍVEIS E NEM ACHAM QUE PODEM ENGRAVIDAR.

Tudo isso está levando a uma sexualidade precoce. Cada vez mais cedo, principalmente na entrada da puberdade (por volta dos 12 ou 13 anos), o jovem precisa ser muito bem orientado. É bem provável que, nesta idade, a sexualidade do menino ou da menina já esteja em pleno desenvolvimento. Lembrando que não estamos falando apenas de penetração, mas de descobertas sexuais que envolvem diversas outras experimentações. Dito isso, os adultos precisam perceber o momento que o jovem está vivendo e aconselhá-lo, de acordo com a sua idade. É claro que ainda recebo em meu consultório jovens de 12 e 13 anos para os quais a possibilidade de fazer sexo está muito distante, mas precisamos estar atentos.

Como existe uma proximidade óbvia entre as descobertas que vêm com essa fase e a iniciação sexual, os pais devem escolher alguém da família – o próprio pai/mãe, um tio, uma tia, por exemplo – que possa orientar de forma direta, explicando o que é um preservativo, por que é importante. Esta é a primeira medida que deve ser tomada, para que se diminuam os riscos de uma gravidez indesejada ou mesmo de contração de doenças.

Diversas pesquisas mostram que os jovens de hoje não usam camisinha, porque simplesmente não têm medo de doenças sexualmente transmissíveis e nem acham que podem engravidar. Tomam precauções falhas e absurdas para evitar a gravidez, como tabelinha ou coito interrompido, e assim imaginam que não correm riscos.

Levar ao ginecologista faz parte desta orientação, independentemente do jovem ter vida sexual ativa. A partir da primeira menstruação, por volta dos 12 ou 13 anos, é essencial que as meninas passem por acompanhamento médico. Assim, serão orientadas e informadas sobre uma série de outras coisas que não estão relacionadas ao ato sexual, mas que têm a ver com o conhecimento e a descoberta dos seus próprios corpos. Caso a prática sexual já aconteça, o acompanhamento ginecológico é imprescindível.

GIOVANNA
Essa precocidade em relação à sexualidade é assustadora, mas imagino que o jovem de hoje, exposto a tanta informação desde cedo, deva correr menos riscos, certo?

TIAGO

Muita gente realmente acredita que, como os jovens de hoje possuem muito acesso à informação, eles têm bastante conhecimento sobre sexo. Errado. Eu recebo muitos adolescentes no meu consultório com dúvidas básicas e muito preocupantes. Eles perguntam, por exemplo, se poderiam contrair aids após uma única relação sexual com um portador da doença. Outros acham que, fazendo sexo anal, evitarão as DSTs[*]. Alguns questionam se podem usar duas camisinhas, uma por cima da outra, para diminuir a sensibilidade durante o ato sexual e atrasar o orgasmo, ou seja, é um verdadeiro festival de questões descabidas.

Estas dúvidas tão básicas demonstram o despreparo dos adolescentes e comprovam que, assim que se percebe que a possibilidade de o sexo estar iminente na vida do jovem, a família deve conversar abertamente com ele e explicar sobre todos os riscos aos quais ele ou ela estarão expostos se não tomarem precauções.

GIOVANNA
Você comentou que eu devo levar minha filha ao ginecologista, mas isso não acabaria estimulando o início da vida sexual dela?

TIAGO

Vamos entender esse pensamento, essa fantasia que muitas vezes surge na cabeça dos pais... A maioria das pesquisas no mundo inteiro comprova que, quanto

---

[*] Doenças sexualmente transmissíveis.

mais bem orientado um jovem está, mais tarde ele faz sexo. Quando recebe a orientação correta, o adolescente sabe dos riscos e também das responsabilidades que virão com o ato sexual. Assim, vai pensar duas vezes antes de fazê-lo. Sem uma boa orientação, ele fica mais inconsequente. Então a resposta é não, você não vai estimular sua filha a fazer sexo apenas levando-a ao ginecologista.

GIOVANNA
Se o médico sugerir que minha filha tome pílula, ela vai pensar que não precisa usar camisinha?

TIAGO
É possível que sim. Muitos jovens, hoje, não usam preservativo porque acham que a pílula resolve o problema da gravidez e que DST não é um problema, pois não existe no grupo social em que eles convivem. Isso é um risco enorme! A sífilis voltou, recentemente, e de forma perigosa. Além disso, existem inúmeras outras doenças que podem, sim, se propagar em qualquer nível econômico e social. Os adolescentes precisam entender que existem dois graves perigos: um deles é a gravidez indesejada e o outro são as DSTs. Ninguém melhor que o ginecologista para explicar isso. E o próprio médico deverá enfatizar que a pílula não é 100% segura e que, sem preservativo, a gravidez é uma possibilidade. Jovens costumam respeitar o que os médicos dizem.

GIOVANNA
Falamos até aqui sobre o ginecologista, que cuida das meninas... E para os meninos? Qual seria a indicação de profissional para cuidar deles?

TIAGO
Este profissional é o urologista. Quanto a isso, tenho uma posição muito direta: eu levaria meu filho a um urologista assim que soubesse que o sexo é uma possibilidade. Além de examiná-lo, o médico fará diversas colocações que vão deixar claro para este jovem que não é o pai falando, não é o tio falando, não é a escola... Trata-se de um profissional, que vai mostrar para ele os riscos do sexo sem preservativo e da promiscuidade.

Em resumo, hoje existe uma combinação entre os estímulos sexuais precoces e a diminuição do olhar castrador sobre essa antecipação. As duas coisas juntas têm feito com que tudo aconteça muito cedo. Por isso, o papel dos pais é orientar cada vez mais cedo. O medo de que isso possa estimular a atividade sexual não é válido, como mostram diversas pesquisas; pelo contrário, a orientação muitas vezes retarda a entrada na vida sexual.

8.
"NINGUÉM ME ENTENDE NESTA CASA"

GUSTAVO, PAI DE HENRIQUE, 15 ANOS

Meu filho tem 15 anos. É um garoto inteligente, sagaz e muito questionador. Com sua personalidade forte, sempre quis saber tudo, o porquê de tudo e nunca engoliu o "Não, porque não".

Agora, na adolescência, está bem complicado... Sempre que imponho uma regra ou proíbo algo, vivemos momentos de caos.

Quando ele não consegue contornar meus limites, fica muito frustrado. Tenho tão pouco tempo disponível para ele, que me sinto um pai horrível quando vejo meu filho assim... Admito que muitas vezes acabo cedendo às vontades dele, para que ele não me odeie. Não acho que isso possa afetá-lo no futuro, mas também tenho certo receio de que ele fique mimado demais, aquele tipo de pessoa que quer tudo na mão e só sabe reclamar.

Como posso encontrar o equilíbrio entre ceder e não ceder, e permitir que ele reclame, questione, mas de maneira saudável?

TIAGO
Deixe-me adivinhar: seu filho é muito questionador e não sabe lidar com frustrações, certo? E, ao questionar, ele procura derrubar seus argumentos, para fazer você mudar de opinião?

Imagino que eu tenha acertado. Caso contrário, você não estaria preocupado com estes questionamentos. Se ele fosse um jovem crítico, preocupado em não ser apenas mais um e, portanto, bastante questionador, você estaria vendo isso com bons olhos.

GUSTAVO
Se ele questionasse o questionável, não haveria problemas... As respostas seriam certeiras.

O problema é que ele questiona a escola, a conduta dos professores, minhas regras... Ou seja, ele quer mudar a minha opinião e também coisas que não podem ser mudadas. Quer vencer pelo cansaço, para que eu ou qualquer outra pessoa cedamos. Quando ele não consegue, vem a frustração.

TIAGO
Esta é uma geração de crianças e adolescentes críticos, mas apenas diante de suas próprias frustrações. Em

geral, não estão focados nos questionamentos que a vida exige. Eles não aceitam quando as coisas não saem como esperavam e se revoltam até conseguirem o que queriam. Portanto, cabe uma distinção: seu filho é um questionador ou apenas reclama demais?

Se o seu filho reclama de todas as suas decisões e não aceita nada que você impõe, é muito provável que ele esteja obtendo sucesso com essa atitude. Ele percebeu que, ao insistir, conseguirá o resultado esperado. Observe se esse não é um dos fatores de incentivo para as reclamações dele: o êxito!

> AS CRIANÇAS E OS JOVENS DE HOJE SÃO TÃO POUPADOS DE FRUSTRAÇÕES QUE NÃO APRENDEM A LIDAR COM ELAS.

Eu observo uma geração de pais que estabelecem como palavra de ordem a felicidade. "Meu filho tem que ser feliz!" Sim, claro que tem, mas isso não significa que ele nunca vai sofrer, ficar triste, com raiva, com medo ou frustrado.

As crianças e os jovens de hoje são tão poupados de frustrações que não aprendem a lidar com elas. Esses jovens entendem que a única opção é ter seus desejos atendidos e, assim, nunca se chatear. Os pais, por sua vez, entram nessa dinâmica e acabam por ceder diante dos questionamentos dos filhos.

Imagine quando seu filho chegar ao mercado de trabalho. A dificuldade para se destacar e alcançar sucesso será muito maior, pois, diante do primeiro desafio mais complicado ou quando qualquer coisa der errado, ele vai querer desistir daquele emprego.

Hoje, nas grandes empresas, boa parte dos gestores de estagiários ou *trainees* queixam-se da postura pouco batalhadora e da falta de inteligência emocional que esses jovens carregam. Segundo os executivos, essa é uma geração imediatista, pouco resiliente e com baixa tolerância para frustração.

Em resumo, observe se você, ao longo do tempo, não "treinou" seu filho para ser esse "reclamão" que está aí agora. Se esse for o caso, tenho uma boa notícia para te dar: é possível reverter. O trabalho será duro, e a missão, árdua, mas não impossível.

> **QUEM RECLAMA APENAS APONTA OS ERROS; QUEM REIVINDICA PROPÕE SOLUÇÕES.**

A receita é simples: a partir de agora, você ficará mais atento à sua reação diante das reclamações dele. Se avaliar que ele não está certo e decidir manter sua postura, mantenha! "Só isso?" Sim.

Mas não espere que ele aceite; afinal, ele é bom em reclamar, não é mesmo? É aí que a dificuldade entra. Em um primeiro momento, ele aumentará a intensidade da reclamação, partindo da crença de que isso sempre funcionou. Só depois de inúmeras tentativas frustradas, ele acabará percebendo que algo mudou. Isso leva tempo e costuma gerar muito desgaste para a família, mas funciona. Só então os frutos serão colhidos.

E são frutos maravilhosos. Quando seu filho perceber que não conseguirá mudar sua opinião depois de reclamações insistentes, ele precisará buscar novas maneiras para conseguir o que quer. Assim, vai mudar de estratégia. Lutar para conseguir o que se deseja não é ruim, muito pelo contrário. Mas o jovem precisa entender que existem diferentes modos de se fazer isso, e que reclamar não é a mais efetiva.

Lembro-me do meu tempo de estudante do ensino médio. Eu sempre fui um grande crítico do sistema educacional, e ainda sou. Sempre achei que existia muita coisa errada, e ainda acho. Durante o período escolar, tornei-me um jovem com muitas reclamações a fazer – e eu as fazia.

Certo dia, muito irritado, entrei na sala do diretor para me queixar e disse: "Tá tudo errado! Por que eu tenho que aprender a calcular o movimento que a bala de canhão faz ao ser disparada em Física? Eu não vou para o Exército, não existe mais canhão, e agora tudo é feito por computador!".

Essa deveria ser a vigésima vez que eu entrava na sala do diretor para reclamar. Ele olhou bem nos meus olhos e disse: "Tiago, você sabe a diferença entre reclamar e reivindicar? Quem reclama apenas aponta os erros; quem reivindica propõe soluções. Pois bem, você adora vir aqui reclamar, mas nunca vi você entrar aqui para propor algo novo, uma solução".

Naquele dia, eu aprendi muito mais do que calcular o movimento da bala de canhão. Anos depois, no meu primeiro estágio como psicólogo, fui trabalhar em uma clínica psiquiátrica para dependentes químicos. Havia muita coisa errada lá, mas eu sabia que reclamar não me levaria a lugar algum. Resolvi criar propostas de mudanças, e muitas delas foram implementadas, outras não. A orientação que eu recebi na adolescência fez todo o sentido na vida adulta, e isso me ajudou muito.

Seu filho precisa aprender a reivindicar, mas isso só acontecerá se você parar de ceder diante das reclamações dele. E mais, ele também deverá compreender que reivindicar nem sempre funciona. Este é um detalhe importante. Como disse, algumas das minhas propostas foram aceitas na clínica em que trabalhei, mas nem todas. Mesmo assim, certamente obtive mais conquistas do que se tivesse apenas reclamado. E, melhor, pude me orgulhar dessas conquistas.

9. "NÃO AGUENTO MAIS ESSA ESCOLA!"

BEATRIZ, MÃE DE FREDERICO, 15 ANOS

E a escola? Este é um grande dilema hoje em dia. No ensino tradicional, tudo parece muito puxado, as notas estão ruins, a frustração é uma constante — tanto para meu filho quanto para mim.

Falta vontade? Falta empenho? Ou será que estou impondo algo que é realmente doloroso, que meu filho não tem condições de acompanhar?

Devo ceder e trocá-lo de escola ou impor a novela das aulas particulares?

TIAGO

Este dilema não é apenas seu, muitas crianças e adolescentes estão sofrendo com isso.

Para que eu possa dar uma resposta mais adequada, é importante dividirmos o problema em três eixos:

um sistema universitário falido, escolas despreparadas e filhos mal orientados.

Boa parte do problema começa com as universidades. Sim, desde o ensino fundamental muita coisa nas escolas é determinada em função do ensino superior. Quanto mais próximo do ensino médio, maior a influência que o processo de ingresso nas universidades exerce sobre as escolas. Influenciar, por si só, não seria um problema, afinal, um dos objetivos da escola é preparar para a universidade. Veja bem, *um dos objetivos*, não o único.

No entanto, o sistema educacional universitário do nosso país é muito precário. Temos pouquíssimas boas universidades, o que limita a chance de ingresso numa delas. Diante desse cenário, as escolas se veem obrigadas a aumentar a cobrança e rigidez sobre os estudantes, fazendo do conteúdo sua palavra de ordem. Os vestibulares, assim como o Enem, estão a cada ano mais complicados e exigem dos vestibulandos um nível de conteúdo insano. Perceba que eu disse "conteúdo", e não conhecimento. Sim, são diferentes. Nem sempre o jovem que presta o vestibular tem mais conhecimento sobre os temas que são cobrados em prova. Na maioria das vezes, ele apenas está mais treinado diante do conteúdo que lhe foi exigido. Conhecimento não é sinônimo de informação. Jovens são treinados para o vestibular, recebem uma enxurrada de conteúdo e informação, mas nem sempre adquirem o conhecimento sobre o assunto. Em menos de um semestre, mais da metade do que viram na escola é esquecido.

Esta cobrança exagerada diante do conteúdo faz da escola um lugar cada dia menos interessante para os alunos, que, por sua vez, podem reagir negando o envolvimento com o aprendizado. Como não são motivados no desenvolvimento de suas habilidades, muitos alunos ficam frustrados em relação à escola.

Apesar de estarem cercados de ferramentas que lhe são fornecidas diariamente, como uma enorme diversidade de livros didáticos e paradidáticos, conteúdos disponibilizados em plataformas on-line, videoaulas, laboratórios e centenas de simulados, eles não sabem lidar com tudo isso.

Por outro lado, temos os pais que buscam de forma frenética resultados acadêmicos com a certeza de que isso levará o filho ao sucesso num mercado de trabalho competitivo – garantia essa que não existe.

E onde fica a necessidade real deste aluno, a construção do seu alicerce emocional?

É aí que começa o segundo eixo problemático: escolas mal preparadas. Você certamente já ouviu dizer que temos estudantes do século XXI sendo educados por professores do século XX em escolas do século XIX, não é mesmo? Essa é uma das afirmações que mais resumem o problema das escolas atuais. Ainda que elas estejam tentando se renovar, o "abismo" entre os métodos de estudos e a maneira com que os jovens estão conectados com o mundo é enorme.

Desde muito pequenas, as crianças são estimuladas a um modo de aprender bastante diferente do que a escola tradicional oferece como metodologia. Com brinquedos cada dia mais interativos, tecnologia à disposição e constantes estímulos, essas crianças chegam à escola exigindo novas formas de absorção de conhecimento. Mesmo sabendo disso, as escolas não conseguem acompanhar a velocidade com que essas mudanças acontecem. O resultado? Ficam sempre alguns passos atrasadas.

Lembro-me da febre das lousas digitais. Por volta de 2010, muitas escolas investiram fortunas nestas lousas totalmente interativas. Era possível, por exemplo, usar a lousa como uma tela *touch* de um computador. Linda, moderna e atraente, mas quase nunca utilizada. Por quê? Simples, ela era tudo isso para os estudantes, não para os professores. Nascidos em outra geração, os professores não viram essa nova tecnologia com a mesma emoção, e o empenho e a dedicação deles para aprender a usar a lousa foram muito pequenos. Atualmente, essas lousas viraram simples telas de projeção.

Se somarmos o eixo que chamei de sistema universitário falido com o eixo das escolas mal preparadas, o problema fica ainda maior. Imagine uma escola que precisa se preocupar com uma nova forma de aprendizado, tendo como meta o ingresso dos alunos em uma universidade que exige, cada vez mais, uma educação formal e retrógrada?

Por fim, temos o terceiro eixo: filhos mal orientados. Sem saber o que fazer com tudo isso, os pais estão cada dia mais perdidos em suas atuações. Superprotegem os filhos, mas ao mesmo tempo exigem maturidade. Somado a tudo isso, vejo pais com uma enorme dificuldade de conhecerem o próprio filho. Criam um padrão de comportamento que acreditam ser o certo e buscam "moldar" o filho a esse comportamento. O que eu quero dizer com isso? Apesar das limitações, existem escolas diferentes para diferentes perfis de alunos. Conhecer quem é o seu filho e entender qual a melhor escola para ele é cada vez mais necessário. Ou seja, melhor do que tentar adequar seu filho à escola, é escolher a escola certa para o seu filho. Escola boa é a escola em que seu filho é feliz.

Assim, se seu filho apresenta dificuldades para se comprometer com os estudos, sugiro olhar para estes três eixos que citei. Entenda que ele faz parte de um sistema universitário falido que exige das escolas uma forma de educar inadequada e ineficiente. Seu filho sabe disso e não é interessante negar que ele está certo. No entanto, oriente-o diante dessa realidade. Deixe claro que existe uma vida adulta muito interessante aguardando por ele (demonstre isso no seu dia a dia) e permita que ele se frustre, porque ele precisará aprender a lidar com seu descontentamento. Ele passará por muitas situações desagradáveis ao longo da vida e precisará enfrentá-las. Mostre a ele que a vida demanda esforço e que, caso não se comprometa, terá que lidar com consequências ruins. Se o jovem quer ser feliz e alcançar realizações e conquistas, terá de enfrentar as dificuldades, as coisas chatas, os medos e as angústias que o caminho lhe apresentar.

Por fim, saiba escolher a escola certa. Como dito anteriormente, seu filho precisa estar feliz na escola. Se ele tem habilidades que a atual escola não incentiva, está na hora de procurar uma que o faça. Isso não será uma tarefa fácil, pois quando o assunto é escolher a melhor escola, não existe uma cartilha a seguir. Algumas atitudes podem ajudar nessa decisão: visite a escola em período de aulas (importante ver a escola em atividade e observar como os alunos se sentem, se parecem estar interessados, entrosados, felizes); marque reunião com os coordenadores e, se possível, com os professores; busque conversar com pais que tenham filhos nessa escola; e investigue todos os pontos que você julgar necessários.

BEATRIZ
Já experimentei trocá-lo de escola mais de uma vez, na crença de que as escolhas anteriores haviam sido erradas, mas nada mudou! Ele continua indo mal e não demonstra comprometimento.
Devo procurar um especialista para checar se ele sofre de algum transtorno de atenção?

TIAGO
Pelo que você descreve, seria interessante certificar se o problema é de ordem neurológica, e não apenas uma questão comportamental ou emocional. Sim, procure um especialista na área para fazer esse diagnóstico.

É importante ressaltar, porém, que infelizmente não somos capazes de transformar a atitude de nossos filhos conforme nossas expectativas. Eles são seres autônomos e deverão fazer suas escolhas, independentemente se acreditamos ser certo ou errado. Neste caso, é possível que seu filho precise sofrer as consequências das escolhas que está fazendo. Se o percurso escolar que ele faz é muito ruim, certamente terá as consequências disso no futuro. Como mãe, você não tem o poder absoluto de transformar todas as atitudes dele. Isso traz muita angústia, mas faz parte do processo de educação dos filhos.

BEATRIZ
Ingressar em uma universidade é muito importante para nós. Na verdade, é o que esperamos que aconteça...
Se eu decidir que ele deve frequentar uma escola com o perfil dele, mas que não tem o perfil do vestibular, não será um problema no futuro?

TIAGO
Sim, pode ser que seja. Mas será que você tem escolha? Se ele não consegue se adequar ao perfil de escolas que focam no vestibular, não acho que valha a pena travar uma batalha com o final já conhecido. Diferente disso, invista em coisas que você acredita serem das competências dele, permita que ele foque em esportes, teatro ou música, ou até em tudo isso ao mesmo tempo. Estimule-o a participar de trabalhos voluntários. Se possível, invista em intercâmbio e viagens culturais. Tudo isso o ajudará quando for a hora de enfrentar o mercado de trabalho.

10.
"VOCÊ NUNCA CONFIA EM MIM"

DANIELA, MÃE DE GIULIA, 15, E ALDO, 17 ANOS
Tenho um filho de 17 anos e uma filha de 15. Ando aterrorizada com a precocidade da juventude de hoje; por isso, costumo olhar as bolsas, mochilas, gavetas, computador. Também peço que as portas dos quartos fiquem abertas, e nenhuma delas tem chave. Eles me dizem que esse comportamento é invasão de privacidade, mas para mim é apenas zelo! Estou errada?

TIAGO
Na mesma medida em que os filhos precisam ter sua privacidade, os pais precisam zelar por eles. Como resolver este dilema? Entendendo os limites entre zelar, ou seja, cuidar para evitar problemas, e invadir o espaço deles.

Pode parecer estranho que eu defenda a privacidade de alguém tão jovem e ainda incapaz de medir as consequências dos seus atos, mas uma criança (ou adolescente) completamente monitorada corre sérios riscos de não desenvolver autonomia (também trataremos desse assunto no item 21).

É fundamental permitir que seus filhos tenham privacidade porque, caso contrário, eles serão incapazes de viver experiências por conta própria. Como resultado, não poderão cometer seus próprios erros e acertos e, assim, aprender com eles.

No entanto, precisamos zelar por eles ao longo de toda a vida. Enquanto são crianças, esse zelo se manifesta de um modo; quando são adolescentes, de outro. Engana-se quem pensa que, quando os filhos se tornarem adultos, já não precisaremos mais zelar por eles. Conforme ficamos mais velhos, nos tornamos mais reativos aos cuidados dos outros. Ainda que a maioria goste de se sentir "cuidada", nós costumamos escolher de quem exatamente estaríamos dispostos a receber este zelo, não é? E o mesmo acontecerá com nossos filhos.

Com a chegada da adolescência, o zelo dos pais começa a ser rejeitado pelos filhos. Apesar de carentes e inseguros, os jovens nessa idade costumam detestar o excesso de cuidados. Estão ávidos por liberdade. Esse é um momento da vida em que eles querem conquistar o mundo e mostrar a que vieram. Loucos para vivenciarem novas experiências, e com pouca capacidade de prever consequências, os adolescentes são como uma bomba-relógio, prestes a explodir. Como não reconhecem sua própria imaturidade, costumam odiar os limites que o zelo impõe.

Isso dificulta o discernimento dos pais para que definam até onde podem permitir a privacidade que os jovens desejam e quando devem restringi-la. Quando concedida na dose certa, a privacidade é essencial para que crianças e adolescentes possam se desenvolver de maneira saudável.

> **OS ADOLESCENTES QUEREM LIBERDADE PARA CONQUISTAR O MUNDO? SIM, MAS LÁ NO SEU ÍNTIMO ELES SE SENTEM ASSOMBRADOS PELO MEDO QUE O NOVO REPRESENTA.**

Difícil? Sim, mas a boa notícia é que, embora os adolescentes não demonstrem o desejo de serem cuidados e até reclamem dessa atitude dos pais, eles sentem profunda tristeza quando não são alvos de zelo. Parece confuso? Eles desejam ter privacidade, mas sentem falta de zelo? Eu explico melhor...

Mesmo que os jovens acreditem ser desnecessário e chato o cuidado que os pais têm com eles, essa fase da vida é tomada por inseguranças. Os adolescentes querem liberdade para conquistar o mundo? Sim, mas lá no seu íntimo eles se sentem assombrados pelo medo que o novo representa.

A autoestima de um adolescente é bastante confusa, o que nunca nos deixa saber se ele se considera a "última bolacha do pacote" ou um ser desprezível e desinteressante. Mesmo que não demonstrem, seus filhos estão passando por momentos delicados e querem, sim, sentir-se cuidados e protegidos.

Em resumo, zelo e privacidade devem fazer parte da equação. O desafio, para os pais, está em conseguir balancear estas duas atitudes com sabedoria.

DANIELA
Entendo o seu conselho, mas não faço ideia de como encontrar este equilíbrio entre zelar e preservar a privacidade... preciso de algumas dicas.

TIAGO
Prestar atenção nas amizades que os filhos escolhem, com quem saem e para onde vão são precauções básicas para que se possa exercer o zelo. Às vezes, pode ser também interessante quebrar a rotina e surpreender seus filhos chegando em casa mais cedo do que o habitual ou indo buscá-los pessoalmente em uma festa, quando o combinado era voltar de táxi. Se desconfiar de algo (drogas, por exemplo), procure cheirar o fundo dos bolsos das roupas, vistoriar o quarto, estar atenta ao estado em que eles chegam em casa.

A privacidade com limites pode, por exemplo, envolver o acordo de que eles te informem as senhas das redes sociais, e que você se comprometa a só acessá-las se julgar necessário e sempre na presença deles.

Imagine que, por algum motivo, você perceba que seu filho evita abrir mensagens do WhatsApp quando você está por perto. Este e outros sinais que um jovem deixa transparecer são indicadores de que ele precisa de cuidados e orientação, ou seja, zelo! Sente-se com ele, explique seus motivos e, juntos, olhem as últimas mensagens trocadas no aplicativo. Sim, este seria um ato de restrição da privacidade. Mas se ambos, previamente, combinarem que funcionará assim, seu filho poderá decidir se quer ou não ter o aplicativo no celular – dentro dessas condições.

Isso vale enquanto você acreditar que seus filhos ainda não possuem maturidade para, sozinhos, administrarem a situação. Apenas tenha cuidado com os excessos: como mencionei, a privacidade (ainda que limitada) permitirá que seus filhos desenvolvam autonomia e, consequentemente, suas próprias identidades.

Mesmo temendo que os filhos possam cometer erros, às vezes devemos permitir que eles aconteçam. Controlar em excesso e impedir que os adolescentes tenham um pouco de liberdade é tão perigoso quanto não zelar por eles. Costumo dizer que, se conhecermos a desagradável sensação de um choque de 110 volts, temos menos chances de morrer com um de 220 volts. Quando cometemos os pequenos erros, evitamos os grandes.

11.
"CHEGA DE PEGAR NO MEU PÉ, MÃE"

STELLA, MÃE DE MARIANA, 15, E LUCAS, 17 ANOS
  E as viagens com as famílias dos amigos, dormir na casa de alguém depois das festas ou numa sexta-feira qualquer? Ligar, confirmar, levar até o local... é importante, não? Eu costumo checar tudo, mas a grande maioria dos amigos dos meus filhos que recebo em casa vem e volta por conta própria, sem que haja qualquer contato da família...
  Como fica isso na cabeça dos meus filhos? Vão pensar que "minha mãe é a louca do telefone, controladora que quer checar tudo"?

TIAGO
  Quem disse que ser a mãe louca é ruim? Muitas vezes, é necessário que os pais sejam um pouco neuróticos.

Até a fase adulta, o córtex pré-frontal do ser humano não está totalmente formado. Entre outras funções, esta é a região que processa as consequências dos nossos atos. Isso significa que, até completar 20 e poucos anos, o jovem tem menos condições de prever riscos. Ou seja, é importantíssimo que pai e mãe se preocupem com os filhos e antevejam possíveis perigos que eles não conseguiriam imaginar.

Para que percebamos o perigo de alguma coisa, nessa fase da vida, é necessário que esse risco se mostre claro e evidente; caso contrário, simplesmente não o perceberemos. Assim, crianças ou adolescentes precisam da ajuda dos adultos para não se meterem em problemas.

Um jovem que acabou de receber sua carteira de motorista, por exemplo, tem maior probabilidade de dirigir em alta velocidade. Ele não está sequer imaginando que um pneu possa furar ou que um cachorro possa atravessar na frente do veículo, pois não tem experiência de vida para isso e, como falei, ainda não tem o cérebro pronto. Caso algo assim aconteça, ele vai parar e pensar: "Que susto! É melhor eu reduzir a velocidade".

Muitas vezes, esse "susto" é ver os adultos agindo como loucos, entende? Pensar que o pai ou a mãe podem a qualquer momento surpreendê-los com um ato insano faz com que os filhos prevejam melhor os riscos – mesmo que, nesse caso, o risco seja apenas o de se dar mal com os pais.

No entanto, você jamais conseguirá evitar que um filho passe por eventuais situações de risco. Ele precisa disso para aprender a lidar com adversidades. Ir para uma festa regada a álcool ou ter contato com pessoas que consomem outros tipos de droga é um bom exemplo. Mesmo tomando todos os cuidados de uma mãe zelosa, você não poderá evitar que isso aconteça. Nesse caso, a educação que o jovem recebe dentro de casa (principalmente através de exemplos) e o vínculo afetivo que vocês possuem serão determinantes para o comportamento que ele escolherá adotar. Ele estará ali sozinho e livre para decidir se vai se juntar à turma do uso abusivo de álcool e drogas, ou não. Esta escolha será baseada nos valores que ele carrega a partir da sua orientação, ou seja, a partir do "trabalho de base" que você vem fazendo com ele.

Certa vez, ouvi um pai dizer: "Não posso retirar todos os bares do caminho do meu filho, mas posso ensiná-lo quais e como frequentá-los. Para tanto, meu exemplo será fundamental".

Essa citação traduz o meu raciocínio de forma bem didática. Como pais, não conseguiremos excluir todos os perigos da vida de um filho, mas devemos fortalecê-los para enfrentá-los. Isso não significa que devamos beber com eles para ensiná-los a beber – por favor, não! Isso quer dizer que, com nossos exemplos e com muita conversa, poderemos ensinar o que é certo, o que é abuso e como evitar os perigos.

STELLA
E quando o filho se recusa a receber nossa ajuda e conselhos?

TIAGO

Você conta com duas alternativas: precisa avaliar se é o caso de deixá-lo viver a experiência para que aprenda com os eventuais erros, ou de ser enérgica e simplesmente proibir. Caso ele demonstre total descaso com suas proibições, é hora de rever a relação entre vocês. Algo mais grave pode estar acontecendo. Nessas situações, sugiro que você procure a ajuda de alguém fora da relação. Pode ser um tio, uma tia, a escola ou até mesmo um psicólogo.

Eu disse que as crianças e os adolescentes precisam da nossa ajuda, mas isso não significa que eles queiram esta ajuda. Portanto, você deve continuar ligando para as mães dos colegas e tentando, com isso, evitar problemas. Sim, seu filho pode estranhar e odiar a ideia, mas lembre-se: na cabeça dele, nada de ruim poderá acontecer. É nessa hora que ser ou parecer louca faz sentido. Ele não precisa concordar com você, nem você precisa que ele concorde.

Desde que seu filho nasceu, você o protege, não é mesmo? Quando ele era apenas um recém-nascido, você o colocava para dormir em uma posição que o impedisse de engasgar. Mais tarde, você colocou protetor nas quinas das mesas, depois protegeu as janelas com redes, escondeu moedas para que ele não engolisse, colocou capacete para ele andar de *skate*... Agora é hora de protegê-lo novamente, e o jeito de fazer isso será ligando para os pais dos colegas e verificando tudo antes de permitir que seu filho vá a lugares que você desconhece.

STELLA
E se, ao checar, eu não estiver de acordo com o local onde meu filho quer ir ou com o programa que ele pretende fazer? Devo proibir que ele vá e aguentar uma guerra em casa?

TIAGO
O medo de lidar com a revolta dos filhos nunca é um bom conselheiro. Tome a decisão que julgar apropriada e arque com as consequências, mesmo que seja a ira do seu filho. Pense que uma boa estratégia é mostrar aos filhos que a agressividade com que reagem às proibições só piora as coisas. Por exemplo, se ele se revoltar ao ser impedido de ir à festa X, você poderá proibi-lo de ir à festa Y, Z...

Você tem o discernimento e experiência de vida para saber o que é ou não adequado para ele, e, portanto, você deve dominar a situação. Quando você permite que ele faça o que quiser apenas para evitar discussões e desgaste, está deixando que seu filho lidere o caminho. Ele já está pronto para isso?

STELLA
Impor restrições aos meus filhos quando eles estão quase chegando à vida adulta é bastante complicado. Você tem alguma dica de como fazer com que me obedeçam?

TIAGO
Entendo seu ponto, porque conforme sentem-se mais independentes e maduros, os filhos passam a ser

mais refratários às imposições dos pais. No entanto, a verdade é que eles ainda não estão prontos para comandarem suas vidas. Vamos pensar num exemplo prático: imagine que seu filho já seja um universitário e você descobre que ele anda dirigindo alcoolizado. Deixar de tomar uma atitude "porque ele não vai aceitar limites" pode levá-lo a um sério acidente, ou até à morte, certo? Nesse caso, se você ainda for a mantenedora financeira dos bens dele, como o carro, confisque-o! Crie dificuldades, aja, saia da sua zona de conforto e enfrente a batalha.

STELLA
O que faço quando não são meus filhos que me consideram a "louca-controladora", mas os pais dos colegas deles, que não tomam os mesmos cuidados que eu?

TIAGO
Nem sempre fazer o certo é o mais fácil, não é mesmo? E, neste caso, você não deve dar importância à opinião dos outros pais. Cada um cria seus filhos à sua maneira, não existe um único caminho.

Sua família, suas regras. Mantenha um diálogo aberto e rico com seus filhos e você verá que, com o passar do tempo, eles perceberão a diferença entre você e os outros pais e, mais do que isso, reconhecerão o tanto de amor envolvido na relação que você estabeleceu com eles.

12.
"EU SÓ ESCUTO 'NÃO' NESTA CASA!"

OLÍVIA, MÃE DE BIANCA, 16 ANOS
Nestes dias me peguei viajando ao passado, aos meus tempos de adolescente... Ouvíamos tantos "nãos", mas dávamos um jeito de burlar, de transgredir, de fazer as coisas escondido. Só que, ao mesmo tempo, tínhamos um medo enorme dos nossos pais descobrirem. Havia muito respeito por eles e pelas suas posições, ainda que discordássemos delas. Como anda o respeito dos filhos pelos pais nos dias atuais? Ele acabou?

TIAGO
Sua pergunta estabelece duas questões importantíssimas: a primeira é o medo e seu papel na educação dos filhos, e a segunda é a transgressão das regras e o que isso implica no desenvolvimento socioemocional do jovem.

Podemos começar pelo medo. Sentimento ambíguo, que muitas vezes nos protege, mas em outras acaba se tornando um freio, um entrave, e nos atrapalha. O medo é uma das emoções mais importantes para a evolução da nossa espécie. Por causa dele, ficamos mais alertas, nos preservamos e somos capazes de refletir sobre tudo que poderia ser um risco às nossas vidas.

No entanto, o medo excessivo, ou no momento inadequado, pode impedir o nosso progresso. As crianças e os adolescentes ainda estão aprendendo a lidar com estes dois lados do medo, ou seja, estão construindo esta relação no âmbito neurológico.

Como também comentamos no item 11, até que aconteça a completa formação do córtex frontal, o cérebro não está pronto para prever consequências ou medir riscos. Isso explica por que as pessoas são mais impulsivas nesta fase da vida: não conseguem imaginar os possíveis resultados negativos de seus atos. Poderão se sentir arrependidos depois, mas são incapazes de prever esse arrependimento.

Assim, os pais têm uma função fundamental na prevenção de consequências ruins a partir das atitudes dos filhos. Por isso é tão importante dar limites: regular até que horas podem ficar na rua ou determinar quais locais podem frequentar são formas de evitar que os filhos sofram consequências indesejáveis. Não espere que crianças e adolescentes façam isso sozinhos. Como mencionei, eles ainda não desenvolveram essa capacidade.

Neste contexto, o medo é um grande aliado. Ele faz as pessoas refletirem melhor sobre as situações e pensarem duas vezes antes de fazerem algo. Aqui entra o medo que os jovens têm dos pais, ou melhor, da reação dos pais. Não estou dizendo que ter medo dos pais é bom, mas temer uma reação negativa deles é parte do processo. Você entende essa diferença? Posso ter medo de dirigir no meio de uma forte tempestade, mas isso não significa que eu tenha medo de dirigir, certo?

> **SEU FILHO PODE TER MEDO DA SUA REAÇÃO E, POR ISSO, PENSAR DUAS VEZES ANTES DE FAZER ALGO ERRADO.**

Ou seja, seu filho pode ter medo da sua reação e, por isso, pensar duas vezes antes de fazer algo errado. Neste caso, o sentimento de temor é ótimo, já que pensar duas vezes é muito benéfico para uma época da vida em que somos bastante impulsivos.

Aqui entra nossa segunda questão: a necessidade de transgredir. Os jovens precisam sentir que estão transgredindo regras ou rompendo paradigmas. Para a construção de uma identidade e o seu fortalecimento para a vida adulta, a sensação de perigo é fundamental. Eu disse "sensação" – e isso faz toda a diferença, pois é algo subjetivo. Posso sentir as coisas de forma diferente de outras pessoas, mesmo que o estímulo seja o mesmo.

Isso significa que a maneira de um adolescente sentir que está burlando as regras pode ter formas e intensidades diferentes, de acordo com a personalidade e as vivências de cada pessoa. Um jovem que sempre teve liberdade para fazer o que quisesse, por exemplo, nunca teve a possibilidade de desrespeitar os pais. Este garoto precisará buscar a sensação de transgressão em atitudes mais radicais e abusivas. Por outro lado, um adolescente que se sente mais cerceado pelos pais, devendo obedecer a regras e limites claros, poderá sentir a adrenalina da transgressão com ações menos perigosas – o que é ótimo.

Levando tudo isso para exemplos do cotidiano, imagine um jovem que pode transar com a namorada no próprio quarto de casa, que pode beber com o consentimento dos pais, que pode ir para qualquer lugar que quiser e chegar em casa a qualquer hora.

> **A IDEIA NÃO É QUE ELA TENHA MEDO DE VOCÊ, MAS QUE SAIBA RESPEITAR SUA POSIÇÃO E ACATAR SUAS DECISÕES.**

Ele vai precisar se esforçar muito para ultrapassar seus limites e fazer algo que possa ser considerado uma transgressão, você não acha? Como o jovem precisa dessa sensação, não dá para esperar algo muito bom resultando disso, certo?

Perceba que fazer sua filha temer suas atitudes em determinadas situações é saudável, pois protege, alerta e educa. Ao mesmo tempo, sabendo que ela vai precisar transgredir às regras em algumas situações, você saberá estabelecer limites que prevejam uma margem para que estas "desobediências" aconteçam de maneira mais inofensiva, nas pequenas coisas.

Ela poderá ter a sensação de transgressão ao mentir para você sobre quem estará ou não em uma festa, mas essa rebeldia não a colocaria numa situação de risco.

Por outro lado, se ela tiver uma maior necessidade de burlar as regras, ela poderá mentir sobre onde e como será essa festa e, neste caso, a transgressão seria mais séria.

OLÍVIA
Se minha filha não tem medo de mim, por mais que eu ameace os piores castigos, o que devo fazer? Prendê-la em casa?

TIAGO
Neste caso, chegou a hora de você reavaliar a sua relação com ela como um todo. A ideia não é que ela tenha medo de você, mas que saiba respeitar sua posição e acatar suas decisões. Se todas as suas tentativas de impor limites estiverem falhando, você tem um sério problema. Não consigo saber quais são as causas desse problema, pois há infinitas possibilidades.

Uma causa frequente da ineficácia das "ameaças", palavra que você citou, está justamente no mau uso dessa estratégia. Quantas vezes você ameaçou proibi-la de fazer algo e não cumpriu, querendo evitar conflitos? Ameaças vazias deixam a autoridade dos pais completamente vulnerável. Como esperar que sua filha respeite seus limites se ela sabe que, ao lhe desobedecer, o castigo que você prometeu não será imposto?

Se você realmente percebe que perdeu o controle sobre sua filha e que ela não acata suas decisões, é fundamental que busque ajuda profissional para que receba uma orientação dirigida às suas questões.

13.
"MEUS AMIGOS PODEM TUDO, EU NÃO POSSO NADA"

WILLIAM, PAI DE ALICE, 16 ANOS
Sou pai de uma adolescente e estamos vivendo um momento crítico. Temos nos desentendido bastante, pois suas amigas "podem tudo e ela não". Ela me considera antiquado e quer ir a várias festas, eventos, baladas e voltar na hora que quiser, com quem quiser. Justifica-se dizendo que é assim que as amigas fazem.

Minha resposta é sempre NÃO. Ela pode escolher apenas um programa por fim de semana e eu irei buscá-la na hora estabelecida. Ela fica furiosa, bate as portas, chora, tranca-se no quarto e não fala comigo. Eu não cedo e ela obedece, mas na semana seguinte começa tudo de novo.

O que devo fazer para diminuir os atritos?

TIAGO

Sua pergunta é excelente e nos leva, mais uma vez, a refletir sobre limites. Quem é que pode tudo neste mundo? Difícil imaginar alguém que viva nesta condição.

A vida nos impõe restrições, seja para convivermos em sociedade ou para cumprirmos nossas obrigações. As comunidades em que vivemos são regidas por leis, ética e moral, as quais determinam muito do que podemos ou não fazer. Sem regras, a convivência em grandes grupos seria inviável. Educar um filho é, entre outras coisas, ensiná-lo que não se pode tudo.

Muitas vezes, os pais caem na tentação de facilitar a vida dos filhos, para poupá-los das mesmas frustrações que já vivenciaram. Já estiveram naquela situação, já sofreram com "nãos" semelhantes e se iludem, achando que poderão evitar os mesmos sofrimentos.

O grande problema é que, com essa premissa enganosa, acabam permitindo que os filhos façam tudo o que quiserem. Como pais, não conseguimos nem devemos impedir que os filhos sofram. O sofrimento faz parte da vida e do desenvolvimento saudável das emoções.

Ao pouparem crianças e adolescentes das decepções derivadas de limites, os pais acabarão criando futuros adultos que não saberão lidar com frustrações. Assim, se todos os amigos da sua filha acreditam que podem tudo, vá correndo ensiná-la que essa ideia está totalmente equivocada. E a melhor forma de fazer isso é através do bom e velho "n, a, o, til". Diga não, fundamente sua decisão e saiba que estará ajudando sua filha a crescer e a amadurecer.

WILLIAM
Eu falo vários "nãos" porque acredito que minha filha ainda não tenha maturidade para frequentar a noite com liberdade. Já fui jovem e sei de todos os riscos aos quais um adolescente fica exposto em ambientes em que a diversão está misturada com álcool e drogas. Isso sem contar que, para frequentar esses ambientes, ela deseja ter um RG falsificado!

Essa liberdade toda é bastante perigosa para quem ainda não sabe lidar com ela. Explico o motivo dos limites, mas ela questiona, grita, diz que vai perder os amigos e que vai virar a piada da turma... A conversa vira briga, mas mesmo assim sou firme e sustento o "não".

Eu sempre mantenho minha posição, mas, quando ela se tranca no quarto e não fala mais comigo, fico preocupado. Será que ela vai me odiar? Ou vai aprontar escondido para me punir?

TIAGO
Dá muito trabalho dizer "não" para os adolescentes de hoje em dia. E quer saber? Isso é ótimo. Gosto da ideia de termos uma geração de jovens que não aceita calada qualquer coisa, que briga por suas conquistas, por reconhecimento e liberdade. Nosso papel é ensiná-los a canalizar isso para o bem. Fazer com que aprendam a lutar por uma formação de qualidade, por uma vida profissional responsável e ética, por saúde física e emocional. Assim, mesmo encarando limites, esses jovens poderão conquistar muito mais do que

> **GOSTO DA IDEIA DE TERMOS UMA GERAÇÃO DE JOVENS QUE NÃO ACEITA CALADA QUALQUER COISA, QUE BRIGA POR SUAS CONQUISTAS, POR RECONHECIMENTO E LIBERDADE.**

se mantivessem aquela crença infantil do "eu posso tudo", concorda?

Resumindo: se seu filho acha que os amigos dele podem tudo, na verdade sorte a dele de ter uma família que o impede de viver nessa ilusão.

O RG falsificado, por exemplo, é crime. Simples assim, crime. Mesmo que um adolescente queira muito antecipar a liberdade que teria aos 18 anos, será necessário esperar. Ele ainda não pode frequentar lugares proibidos para menores e ponto final.

Quando um pai concorda que um jovem frequente baladas com um RG falso, ele está compactuando com a infração. Como passar valores éticos e morais ao permitir que seu filho desobedeça a uma lei? Ou, olhando por outro ângulo, como um pai pode deixar que seu filho cometa um crime com o seu consentimento?

Entendo que você não cedeu à frequente demanda dos adolescentes por um RG falso, e você está certíssimo.

WILLIAM
Mesmo com todo o embasamento para minhas negativas, minha filha fica revoltada toda vez que é contrariada. Como faço para acabar com essas reações? Devo dar um pouco de liberdade,

em vez de sempre proibir? Ela está tentando vencer pelo cansaço?

TIAGO

Impedi-la de fazer tudo não é positivo. Se você disser sempre "não", a relação entre vocês ficará insustentável.

Para que possa adquirir maturidade e autonomia, sua filha precisará vivenciar experiências.

Talvez essas experiências representem algum tipo de risco, mas você não deve nem conseguirá proteger sua filha de todos os perigos que a vida impõe. Ela tem que aprender a lidar com eles.

Sim, eu sei que encontrar o equilíbrio entre proibir e permitir é muito difícil, mas a minha experiência clínica demonstra que a maior parte dos pais tomaria melhores decisões se não tivesse medo de errar. Assim, use o poder do seu instinto e escute seu coração. Isso sempre ajudou e deu certo. Lembra-se de quando você sabia ler o choro da sua filha? Ela apenas cresceu, e hoje você a conhece ainda mais.

Acredite, você saberá tomar as melhores decisões.

14.
"MINHA VIDA É UM TÉDIO"

PEDRO, PAI DE FELIPE, 16 ANOS
Meu filho está numa fase bem difícil. Desde pequeno ele foi expansivo, alegre e muito maduro, mas de repente parece estar tão insatisfeito...

Ele tem tudo para ser feliz. Tira boas notas na escola, pratica esportes, tem muitos amigos e parece ser muito querido. Além disso, somos pais muito presentes e companheiros.

Mesmo assim, e cercado por todo nosso carinho, meu filho está sempre desmotivado, apático, dizendo que acha a vida um tédio. Não percebo nele o desejo de querer conquistar o mundo, de ir atrás dos seus objetivos. Como isso é possível, se ele tem e faz tudo o que quer?

TIAGO

Esta questão é muito importante, tanto para pais de crianças como de adolescentes. Temos vivido, como um todo (adultos, inclusive), uma busca pela felicidade constante. Cultiva-se a ideia de que não apenas devemos ser felizes, mas que essa felicidade precisa acontecer 24 horas por dia, 365 dias por ano. Seja no trabalho, nas relações conjugais, com os filhos, nas amizades... "Ser feliz" tornou-se uma autoimposição insana, uma condição que o ser humano precisa alcançar a todo custo.

As redes sociais são o palco da vida maravilhosa que cada um leva. De adolescentes a adultos, todos procuram exibir seus melhores momentos. Se dermos um passeio pelos *posts* das celebridades que os jovens admiram, *posts* dos amigos deles e até mesmo dos nossos amigos, poderemos imaginar que todos têm uma vida incrível, divertida e muito melhor do que a nossa. Nós, adultos, sabemos que esta ilha da fantasia é pura ilusão, mas os adolescentes sentem que precisam competir com a felicidade alheia.

A grande questão é que essa busca pela felicidade perene acaba trazendo aos nossos filhos, crianças ou adolescentes, a noção de que eles também precisam ser sempre felizes. O primeiro problema disso é que, para eles, a felicidade significa fazer tudo que gostam; não enfrentar adversidades, não sofrer. Esse recado para os jovens é muito perigoso, porque eles acabam não se preocupando mais com o futuro, já que precisam se preocupar em serem felizes agora... O futuro a gente vê depois.

Quando os adolescentes de hoje pensam em profissão, por exemplo, na cabeça deles está um ideal de trabalho sempre muito tranquilo, leve. Eles querem trabalhar com algo em que não tenham chefe, que ganhem muito dinheiro, onde não haja rotina e em que possam viajar bastante.

O outro problema diz respeito aos pais, que querem fazer dos filhos pessoas felizes. Muitas vezes, eles entendem que fazer o filho feliz significa realizar todos os seus desejos, não permitindo que ele sofra ou que seja contrariado. Portanto, não sofrer é não passar por adversidades, nunca ouvir a palavra "não" e poder ter seus medos, angústias, inseguranças ou raivas sempre aplacados. Assim, os pais tentam dar aos filhos tudo o que podem, para que eles alcancem essa felicidade plena. Lembrando que "dar" nem sempre é no sentido material – embora também estejamos falando de *videogames*, celulares, roupas de marca... E ainda tem a questão do "poder tudo": o jovem que pode chegar das festas na hora em que quiser, que pode beber, viajar com os amigos, tratar a família como bem entende, tomar decisões por conta própria...

Quando alguém diz: "Meu filho tem tudo, mas ainda assim é infeliz", a raiz do problema está na própria frase. É bem provável que seu filho esteja infeliz

> **A GRANDE QUESTÃO É QUE ESSA BUSCA PELA FELICIDADE PERENE ACABA TRAZENDO AOS NOSSOS FILHOS, CRIANÇAS OU ADOLESCENTES, A NOÇÃO DE QUE ELES TAMBÉM PRECISAM SER SEMPRE FELIZES.**

exatamente porque tem tudo. Existe uma regra muito interessante da Psicologia, que afirma que "toda situação de desejo na vida é pautada na falta, e toda falta que gera desejo permite a realização". Ou seja, eu só desejo aquilo que me faz falta, e só realizo algo para poder conquistar o que desejo.

Por isso, para tornar uma criança, um adolescente ou mesmo um adulto infeliz, basta que ele não sinta a falta de nada. E uma pessoa que não deseja nada dificilmente realizará alguma coisa.

Um exemplo bem simples disso é que, quando estamos com muita fome, tudo parece mais gostoso. Quando estamos satisfeitos, a comida nem é tão atraente. Veja bem, hoje os jovens já não sentem mais fome, de nada. Por quê? Porque estão sempre saciados – pela família, pela vida social, pela escola... O resultado disso é que demonstram uma sensação maior de apatia, de desconforto e de tédio com a vida.

PEDRO
E quando os pais criam os filhos sem dar tudo, dizendo "não", permitindo essa sensação de falta que, como você explicou, gera o desejo e, ainda assim, eles parecem insatisfeitos com a vida... Nestes casos, qual é o problema?

TIAGO
Existe também a questão da idade. Se o seu filho é adolescente, ele pode sentir uma diminuição na intensidade com que vive a vida, uma regressão nos prazeres em determinadas situações, porque nesta

fase há a redução de um terço nos receptores de dopamina. Dopamina é uma substância que o cérebro secreta e que nos dá a sensação de prazer. Ou seja, na adolescência o ser humano possui menos capacidade de sentir prazer.

Neste caso, é possível que seu filho esteja mais apático, que não pareça contente com nada, mas este é apenas o período de adaptação às mudanças hormonais e físicas pelas quais ele está passando. Como saber? Sua sensibilidade de pai ou mãe, seu olhar cuidadoso vai dizer se vocês, como família, estão com algum problema. Pode ser que os pais estejam errando ao impedir que o adolescente tenha essa experiência da falta, que gera desejo, e por isso ele sente que não tem nada para realizar. Ou pode ser apenas um período em que seu filho está passando pelas mudanças hormonais da adolescência e sente-se um pouco mais entediado, mal-humorado e achando tudo ruim e sem graça.

15.
"QUERIA SER ADVOGADO, MAS DECIDI SER *YOUTUBER*"

VALENTINA, MÃE DE VICTOR, 16 ANOS
Meu filho está no terceiro ano do ensino médio. O universo dele envolve simulados, Enem, desempenho, vestibular, carreira, futuro... Ele me olha, parecendo um garotinho de novo: "Mãe, eu não tenho mais certeza de que quero ser advogado. Pensei em ter um canal no YouTube, ou lançar um aplicativo".
Esta é uma fase de muita cobrança, e ele está totalmente perdido. Como posso ajudá-lo?

TIAGO
É uma situação bastante comum. Certo dia, em uma palestra para jovens, fui questionado por um adolescente: "Tiago, você não acha que somos cobrados muito cedo? Tenho 16 anos e preciso escolher minha

profissão, ter um bom resultado no Enem, entrar em uma boa faculdade. Não é tudo muito exagerado e cedo demais?"

Confesso que, por alguns segundos, olhei para aquele jovem e tive vontade de acolhê-lo. Ele tem razão: a cobrança para uma vida acadêmica e profissional é pesada. Mas não passei a mão sobre a cabeça dele. Resolvi colocá-lo diante da realidade e estimulá-lo a agir.

Respondi da seguinte maneira: "Você tem razão, meu caro estudante. Acordo todos os dias dando graças a Deus por já ter concluído minha formação universitária e estou feliz com a escolha que fiz. Hoje, cada vez mais, estudo apenas o que eu quero e gosto. Mas deixe-me dizer uma coisa: seus antepassados viveram em um mundo em guerra. Devem ter chegado ao país fugindo de uma situação precária e assustadora. Seus bisavós foram criados na realidade do pós-guerra e precisaram trabalhar para reconstruir tudo que estava destruído. Uma vida de escassez de recursos, recessão e dificuldades de todas as ordens. Seus avós foram criados nessa realidade. Aos 14 anos, estavam trabalhando. Aos 18 anos se casavam e aos 20 já tinham filhos. Seus pais também tiveram que sustentar esse modo de vida. Eles são os provedores de tudo que hoje você usufrui – coisas que não foram nada fáceis de se conquistar. E você? Bom, você tem que escolher uma profissão, se dedicar ao Enem e entrar em uma boa faculdade. É justo? Não! Mas sempre foi assim, ou pior. Essa é a lógica da vida. Feliz daquele que entende essa dinâmica e, em vez de reclamar, sofrendo parado, age e luta por uma vida de reconhecimento, conquistas e realização".

Sim, esses jovens são muito cobrados, mas não é privilégio da geração deste século. Nosso papel é orientar, ajudando neste percurso que pode ser árduo, mas é absolutamente necessário.

VALENTINA
Achei maravilhosa sua colocação. Pensando nessa "linha do tempo", nossos jovens têm muito menos responsabilidades e uma vida mais tranquila do que as gerações anteriores. Entretanto, a angústia deles se reflete em todo o âmbito familiar.

Nós, pais, exigimos dos adolescentes um grau de maturidade, responsabilidade e comprometimento que essa geração não aprendeu a ter. Eles são resultado dos novos tempos, em que um clique resolve tudo rapidamente, num mundo onde a vida social é desenfreada, com festas, *shows*, viagens. No fundo, esses jovens têm tanta coisa para viver, que essa reclusão forçada, essa obrigação de estudar para garantir a vida profissional, torna-se um martírio.

TIAGO
A verdade é que este processo de cobrança sobre a escolha profissional e o vestibular pode ser benéfico e motivacional. Como pais, podemos ajudá-los a entender que é um momento bonito. Chegou a hora de buscar a autonomia desejada, é o momento de

investir em uma vida própria e cheia de conquistas. Não é fácil, mas é possível e prazeroso em boa parte do percurso.

Podemos seguir algumas dicas importantes para ajudá-los na escolha profissional e motivação para os estudos.

1º) Orientar não é determinar. Nunca, em hipótese alguma, diga para seu filho que ele deve fazer essa ou aquela escolha. Ele precisa tomar essa decisão por conta própria. Orientar é mostrar caminhos, discutir opções e apresentar maneiras para que o jovem possa pesquisar e conhecer melhor as profissões de seu interesse.

Use sua rede de relacionamentos. Seu filho quer fazer Administração? Coloque-o em contato com um amigo empresário. Ele tem interesse em cursar Veterinária? Marque uma visita a um *pet shop* e leve-o para conversar com o veterinário responsável. Ou seja, coloque-o em contato com pessoas que possam ajudá-lo a vivenciar um pouco da profissão.

> A VERDADE É QUE ESTE PROCESSO DE COBRANÇA SOBRE A ESCOLHA PROFISSIONAL E O VESTIBULAR PODE SER BENÉFICO E MOTIVACIONAL.

2º) Grande parte das universidades oferece visitas monitoradas. Ajude-o a fazer contato e o incentive a conhecer todas as instituições que possam ser interessantes. Pesquise sobre palestras e minicursos. Ele deveria fazer isso sozinho, claro, mas se não fizer, você pode dar um empurrãozinho.

3º) Autoconhecimento é importante. Provoque conversas que o levem a uma compreensão melhor de si mesmo. Não é fácil, mas é necessário. Tente abordar as coisas de que ele gosta, as competências e os desejos que você reconhece nele. Relembre fatos da história de vida, traga exemplos de como você o enxerga e estimule seu filho a desenvolver um olhar atento sobre si mesmo.

4º) Não deixe que suas experiências impeçam que seu filho viva as dele. Você já cometeu erros e aprendeu com eles. O mesmo vai acontecer com seu filho. Nosso instinto de superproteger é perigoso, pois impede que os jovens vivam suas próprias experiências de crescimento. Se algum dia você errou ao trocar precocemente de emprego ou acredita que deveria ter outro tipo de formação, certamente aprendeu com isso, não é mesmo?

VALENTINA
E se depois de tudo isso ele mantiver a ideia de ser *youtuber*, *gamer* ou algo assim? E não quiser cursar faculdade?

TIAGO
Respire e conte até dez, porque seu filho faz parte de uma geração muito diferente da sua. Várias profissões que hoje encantam os jovens são estranhas para nós, porque nem existiam há dez ou quinze anos. Assim como é possível – e até provável – que ele se interesse por uma dessas novas profissões, ele também poderá exercer, no futuro, alguma atividade que hoje nem conhecemos.

Ser *youtuber*, por exemplo, é uma realidade. Existem muitos profissionais que fazem do YouTube uma ferramenta de trabalho, que alavanca seus negócios nas mais diversas áreas. O mais importante é saber orientar seu filho diante dessa escolha, pois muitos carregam a fantasia da "grana fácil e pouco trabalho". Esta não é a realidade.

Para ser um *youtuber* de sucesso são necessários muitos investimentos, talento e competência. Além disso, é preciso ter um diferencial. Qual tema ele quer abordar? O que ele tem de inovador que lhe garantirá destaque entre tantos jovens que já estão na rede? Fazer um curso universitário de Rádio e TV pode ser indicado, assim como Artes Cênicas, Publicidade e Propaganda ou Jornalismo.

Diga para o seu filho pesquisar sobre a vida dos profissionais de sucesso nesta área e ele descobrirá que aqueles que se destacam são extremamente dedicados ao que fazem. Para cada vídeo gravado, existe um roteiro bem definido, uma edição primorosa e muitos parceiros. Questione seu filho sobre sua habilidade para escrever roteiros, pergunte se sabe editar vídeos, se é bom em comunicação verbal, se consegue fazer boas parcerias, se é criativo, se tem um conteúdo que os outros invejam, sem tem carisma, se passa credibilidade no que diz... Se ele disser

> **EXISTEM MUITOS PROFISSIONAIS QUE FAZEM DO YOUTUBE UMA FERRAMENTA DE TRABALHO, QUE ALAVANCA SEUS NEGÓCIOS NAS MAIS DIVERSAS ÁREAS.**

"sim" para tudo isso, quem sabe ele realmente não possa ser um *youtuber*? Caso ele diga "não", pode ser um bom estímulo para que ele procure desenvolver tudo isso – ou perceba que esta não é uma saída fácil. Essas dicas valem para qualquer outra profissão que você julgue "diferente": demonstre quais são as competências necessárias para que haja sucesso, e estimule o desenvolvimento delas.

CAPÍTULO 3

Sexo e drogas na adolescência

16.
"TODO MUNDO VIU MINHAS FOTOS, MINHA VIDA ACABOU"

ELIZABETH, MÃE DE JOANA, 14 ANOS

Aconteceu aquilo que toda mãe teme, mas que nunca imaginei que nos atingiria: estão circulando *nudes* da minha filha por grupos de mensagens.

Há dois dias, ela foi a uma festa na casa de um amigo da escola.

Fui buscá-la por volta da meia-noite e, quando ela entrou no carro, achei que estava diferente... Logo notei que tinha bebido. Fiquei chocada ao perceber que os donos da casa permitiram que menores de idade bebessem.

Ontem aconteceu a tragédia. Ela me ligou desesperada da escola, me pedindo que fosse buscá-la, porque divulgaram fotos dela naquela festa, mostrando seus seios.

E agora, como lido com esse pesadelo? Ela só consegue dizer que quer morrer.

TIAGO

Temos uma situação com dois assuntos importantes para tratar. O primeiro deles é o consumo de álcool na adolescência, que já foi comentado em outros tópicos do livro. O segundo é a sexualidade precoce e mal orientada. Começando pelo álcool: eu sempre digo que um jovem tem a necessidade de romper com regras, paradigmas, sentir que está fazendo algo errado ou de alguma forma indo contra o fluxo do "bom moço" ou "boa moça", para então ter uma sensação de independência e construir a própria identidade.

A necessidade de transgressão é tão forte no jovem que não se trata apenas de uma característica psicológica, mas vem de uma determinação cerebral. Como já mencionei, o adolescente está com a parte pré-frontal do cérebro em formação, ou seja, a área que se relaciona à previsibilidade das consequências de situações de risco é a última a ficar pronta. Isso quer dizer que há uma tendência para fazer coisas erradas na juventude, pois esta é uma fase em que ganhamos impulsividade, mas ainda não temos a capacidade de prever riscos.

Um bom exemplo é o da nossa bisavó. Quando ela ia para a pracinha da cidade, escondia-se atrás de uma árvore e dava um beijinho no namorado, sentia a mesma emoção de burlar as regras que sente, hoje, uma garota que envia *nudes*. O que mudou? Naquela época havia uma contenção social extrema, que impedia essa menina de ir muito além. Para o cérebro dela, portanto, as menores contravenções já traziam o prazer de desafiar as convenções.

Hoje, num cenário em que quase não há proibições, muitos pais permitem que filhos menores de idade tenham documentos falsificados para entrar em festas e, assim, adolescentes passam as madrugadas em ambientes inapropriados e envolvidos, precocemente, com bebidas alcoólicas, drogas e pessoas mais velhas. Nestas situações estarão, também, curtindo ou descobrindo sua vida sexual. Neste contexto, o que resta para uma jovem sentir que está fazendo algo contra as regras, já que nada mais é proibido? Talvez mandar *nudes*. "Ah, isso eu realmente não posso, então vou fazer." E se ela fizer uso da bebida alcóolica, certamente se sentirá desinibida e mais estimulada a enviar as fotos "proibidas".

> SE O ÁLCOOL É TÃO LIBERTADOR, A CHANCE DE QUE OS ADOLESCENTES POSSAM PERDER O CONTROLE QUANDO BEBEM É MUITO GRANDE.

Vale lembrar que um dos baratos das bebidas alcoólicas nesta idade – aliás, em qualquer idade, mas muito mais na adolescência – é o fato de que elas ajudam a criar descontração. O álcool dá coragem, confiança, uma sensação de euforia. Então, por que os jovens bebem? Exatamente para poderem se liberar em tudo isso.

Se o álcool é tão libertador, a chance de que os adolescentes possam perder o controle quando bebem é muito grande. Em um contexto no qual eles podem tudo, mas querem romper com regras, vão acabar buscando isso nas coisas mais absurdas do mundo, certo?

Importante afirmar que o envio de *nudes* não é uma simples contravenção, uma quebra de padrões. Quando um adolescente chega ao extremo de se expor dessa maneira, ele está sinalizando que, ao entrar em contato com o álcool, perde o controle. Este é o momento em que os pais devem puxar o freio e recolhê-lo, pois este jovem não está sabendo lidar com tanta liberdade.

ELIZABETH
Sinto-me completamente arrasada com a sua explicação. O erro é meu e de tantos outros pais... Eu não serviria álcool para minha filha, só que não checo se ela tem acesso a bebidas em outros lugares. Não dou a liberdade de ir e vir, mas deixo que ela pegue carona ou durma nas casas das amigas. Jamais deixaria que minha filha tivesse um RG falso, embora não saiba se, de fato, ela tem.

Eu simplesmente falhei no papel de mãe... Conversei pouco ou confiei demais? Agora, quem se sente em frente a um abismo sou eu. Afinal, era minha responsabilidade protegê-la. Se não fiz isso da maneira correta, preciso socorrê-la, de algum modo...

O que posso fazer, agora que já aconteceu a divulgação das fotos?

TIAGO

A primeira coisa é buscar ajuda da escola. Não tenha medo de expor sua filha. Ela já está exposta, e a escola vai ter de ajudar, sim.

O segundo passo é buscar orientação psicológica. Não subestime o quanto isso pode ser traumático para um jovem. Há relatos de suicídio de crianças e adolescentes que passaram por situações como essas, então os pais não podem hesitar. Busque ajuda profissional para superar esse momento.

O terceiro conselho é que, junto à sua filha, você faça uma varredura nas redes sociais dela (como Instagram, Facebook, Twitter ou Snapchat), porque há uma chance grande de que este não tenha sido o primeiro vacilo. Ela pode ter feito isso outras vezes, e é importante que você saiba como é que as coisas estão de verdade.

> **HÁ RELATOS DE SUICÍDIO DE CRIANÇAS E ADOLESCENTES QUE PASSARAM POR SITUAÇÕES COMO ESSAS, ENTÃO OS PAIS NÃO PODEM HESITAR.**

Agora, o mais importante: sua filha está claramente dizendo para você que não está dando conta. "Pai, mãe... Eu não estou sabendo lidar com o que vocês me permitem fazer. Estou voltando alcoolizada para casa e, enquanto bebia, estava mandando *nudes*. Eu poderia ter feito sexo em grupo, sem consentimento, sem preservativo, ou poderia ter me envolvido em uma situação de perigo ainda maior do que ter meus *nudes* expostos – o que já é um drama enorme..."

Somando tudo isso, fica claro que precisamos ajudar estes jovens a desenvolverem maturidade, porque é justamente a maturidade tardia, com uma série de permissividades precoces, que vem gerando este tipo de situação.

No seu caso, o vazamento dos *nudes* permitiu que você percebesse o perigo pelo qual sua filha estava passando. Mas, se não tivessem vazado, você nem saberia que existem fotos sensuais desta menina nos celulares de pessoas que você nem imagina, que podem fazer qualquer tipo de uso delas. Ou seja, sua filha não está preparada para frequentar este tipo de festas. Antes disso, ela precisa da sua proteção e do seu aconselhamento para que desenvolva sua maturidade.

Existe mais um detalhe importante em toda essa situação. É muito comum que vítimas de exposição de *nudes* se sintam culpadas por tal acontecimento. Essa culpa somada à vergonha e o medo transformam-se em uma bomba-relógio emocional. Como mencionei, há casos de jovens que cometem suicídio diante de tanta vergonha, culpa e medo. Neste momento, o mais importante é acolher sua filha. A consequência do que ela fez já é um dolorido castigo, e certamente ela entendeu que errou. Cuide dela, dê apoio, incentive novas amizades, esteja sempre próxima e, principalmente, ouça o que ela tem para dizer.

17.
"SE NÃO TIVER BEBIDA, NINGUÉM VEM"

MARCELA, MÃE DE FERNANDA, 15 ANOS
Minha filha vai completar 16 anos na próxima semana. Estamos organizando sua festa de aniversário, mas ela disse que se não servirmos bebida alcoólica, ninguém virá – e que se vierem, a festa não vai durar, e será um fracasso.

Eu acho um absurdo servir álcool para menores de idade, mas também não quero acabar com a comemoração dela. E agora?

TIAGO
Minha resposta a este questionamento é simples e direta: servir bebidas alcoólicas a menores de idade é crime. Esta é a única e a mais perfeita justificativa que você deve dar à sua filha.

Agora quero explicar a razão da proibição antes dos 18 anos...

Eu considero o álcool na adolescência um dos maiores perigos que os jovens do século XXI estão vivendo. Esta não é a primeira geração de adolescentes que ingere bebida alcoólica, claro, mas o volume e a intensidade com que isso tem acontecido são alarmantes. Dados do IBGE indicam que mais de 55% dos adolescentes de 14 anos de idade já experimentaram álcool. Minha experiência de trabalho com essa faixa etária indica que eles não apenas consomem, mas abusam deste consumo.

Num primeiro momento, os riscos estão ligados ao corpo, que, na adolescência, ainda está em formação. Um dos motivos da proibição do álcool antes dos 18 anos refere-se ao fato de que nessa fase da vida ainda temos nosso cérebro em transformação. A mielina, que exerce importante função na transmissão de informações entre os neurônios, por exemplo, está em formação nesta fase da vida. A ingestão de álcool pode inibir parte dessa formação, o que traria prejuízos ao desenvolvimento saudável do cérebro.

Num segundo momento, temos as questões emocionais, o risco de morte e a dependência. Você já ouviu um jovem usar a expressão "dar PT*"? A gíria surgiu do termo usado por seguradoras para classificarem o prejuízo de um sinistro sobre determinado patrimônio. Se um carro, após um acidente, tiver o custo do conserto superior ao do seu valor de mercado, a seguradora determina "perda total". O carro vira sucata e o valor segurado é reembolsado ao proprietário.

---

* Perda total.

Os jovens se apoderaram da expressão para designar situações em que alguém bebe ou usa drogas até perder totalmente a consciência, ou parte dela. A ideia de "dar PT" é encarada por alguns como uma diversão, um objetivo a ser alcançado. Seria como dirigir um automóvel com a intenção de colidir em um poste, apenas por entretenimento. Infelizmente, no caso da "perda total" entre os adolescentes, não estamos falando de danos a bens materiais, mas à vida.

> **ADOLESCENTES USAM ÁLCOOL E DROGAS EM CONDOMÍNIOS RESIDENCIAIS, COM SUAS FAMÍLIAS A POUCOS METROS DE DISTÂNCIA. PAIS ORGANIZAM FESTAS DE 15 ANOS COM A OFERTA DE BEBIDA ALCOÓLICA A MENORES.**

Eu me questiono sobre o motivo que leva alguém a agir com tamanha violência consigo mesmo. Sabe-se que jovens buscam situações nas quais o perigo e o rompimento de regras são os objetivos, mas não estaríamos falando de um novo limite para essa busca? Mais do que um desejo pelo risco, isso me parece uma forma direta de ameaça à própria existência.

Num primeiro momento, tenho a tendência de culpar a própria juventude atual. Um instinto quase que inevitável de dizer: "Que juventude perdida, que não sabe o que quer da vida... Uns rebeldes sem causa!". Mas, ao pensar assim, logo surge outro questionamento: será que eles nasceram dessa forma? Rapidamente, lembro-me de uma citação de Mario Sergio Cortella:

"Gente não nasce pronta e vai se gastando; gente nasce 'não pronta' e vai se fazendo".

Pois bem, se não nascemos prontos (e eu acredito nisso), quem está ajudando esses jovens a "se fazerem" assim? É inevitável pensar na família.

Mantendo essa triste analogia com a origem da expressão "perda total", um carro que bate num poste faz barulho, chama a atenção, não passa despercebido. São necessários guincho, sinalização do local e muita burocracia para resolver o problema. Resumindo: seria muito difícil que um carro colidisse com um poste sem ninguém perceber.

O mesmo podemos dizer de um adolescente que decide beber ou usar drogas até o limite do seu corpo e da sua consciência. Como poderia uma família não perceber que esse jovem "colidiu"? Ou pior, que ele costuma "colidir" com frequência?

Adolescentes usam álcool e drogas em condomínios residenciais, com suas famílias a poucos metros de distância. Pais organizam festas de 15 anos com a oferta de bebida alcoólica a menores (vale reforçar aqui que é crime!). E ambulâncias são contratadas para essas mesmas festas com a intenção de socorrer adolescentes em situação de "perda total".

Ou seja, todo esse abuso da geração atual está diretamente relacionado à conivência dos pais, que não tomam medidas drásticas a fim de evitar o problema.

MARCELA
Concordo com você. Liberar bebida para menores seria crime e não posso compactuar com

isso. Mas em que posição fica minha filha? Segregada? Vai ser a "diferente" da turma? Porque é comum que sirvam bebidas nas festas dos amigos dela.

TIAGO

Marcela, arrisco-me a dizer que as famílias que permitem bebidas em festas para menores estão na direção da "perda total". Perda total da referência sobre o educar. Perda total da reflexão sobre limites claros. Perda total do afeto que determina o cuidar e o proteger. Perda total da consciência a respeito do que é uma família e dos reais valores a serem defendidos. Perda total de vínculos fortes. Perda total da compreensão do que um jovem realmente precisa para crescer saudável.

Se observarmos as coisas dessa forma, os jovens não são os motoristas que dirigem o carro em direção ao poste, eles são os próprios carros. Guiados por adultos, que, por falta de uma correta pilotagem da educação, levam os filhos rumo a essa "perda total".

18.
"DE VEZ EM QUANDO NÃO VICIA, PAI"

FRANCISCO, PAI DE LEONARDO, 16 ANOS
Estou muito preocupado e não sei como agir... Outro dia, voltei do trabalho mais cedo e encontrei meu filho com os amigos fumando um cigarro de maconha. Eu disse que não admito o uso de drogas, muito menos na minha casa, e mandei todo mundo embora. Agora não sei como lidar com esse problema.

TIAGO
Desespero. Esse é o sentimento da maioria dos pais que passam por essa situação. Entrar no quarto dos filhos e sentir o cheiro, encontrar vestígios nos bolsos da calça, ou até mesmo receber uma ligação da escola com a notícia... Não importa como, mas descobrir que seu filho fez ou faz uso de maconha é uma experiência traumática.

Mesmo assim, acalme-se! Existe uma grande chance do seu filho ainda não ter desenvolvido dependência. É fundamental agir com serenidade, bom senso e encarar o assunto com discernimento.

FRANCISCO
Esse foi o argumento que ele usou, que fumar maconha de vez em quando não vicia... Mas, para mim, "de vez em quando" já é inaceitável, porque pode se tornar frequente.

Sempre falei abertamente com ele sobre o perigo das drogas, mas parece que todo o meu discurso foi ineficaz. Como posso descobrir se ele está só experimentando ou se já está viciado?

TIAGO
Em primeiro lugar, não trate seu filho como um drogado que deva ser internado em uma clínica para dependentes. Descobrir que ele fuma maconha pode ser a chance de impedir que isso de fato aconteça.

É bem provável que seu filho tente convencê-lo de que fumar maconha não é um problema. Ele repetirá que não vicia, que usou apenas uma vez, que não faz mal, entre outros milhares de argumentos. E você pode ter certeza de que ele será bom nisso. Alguns jovens garantem que não fumarão mais, outros procuram defender a continuidade do uso. Em ambos os casos, não tente contra-argumentar muito; simplesmente aja.

É importante tomar uma atitude com pulso firme, porque vivemos um momento de muito questionamento sobre os verdadeiros males que a maconha pode trazer. As discussões sobre o uso medicinal e até mesmo a liberação do consumo em diversos lugares pelo mundo costumam ser argumentos frequentemente usados por jovens que querem fazer uso da substância. Se você, assim como eu, acredita no potencial danoso da droga, este não é o momento de entrar no mérito dessas questões. O mais importante em uma discussão como essa é deixar claro que nenhuma justificativa é válida e que, como pai, você não tolerará o uso. Seja firme e demonstre, com segurança, que não existe uma única alegação no mundo que seja capaz de mudar sua opinião.

No entanto, é importante que você conheça os principais argumentos que ele vai usar. Leia sobre as diferentes teses relacionadas ao assunto, pesquise documentários e fale com especialistas, pois isso lhe fortalecerá para os próximos passos.

Você também deve procurar orientação psicológica imediatamente! Tanto ele quanto você precisarão de alguém habilitado para aconselhar e acompanhar os dois. Mesmo que seu filho diga que não quer, você deve buscar a ajuda de um profissional. Quanto mais cedo puder fazer isso, maiores serão as chances de ajudá-lo. E se houver algum impedimento financeiro para a busca de tratamento, a boa notícia é que diversas universidades que oferecem graduação em Psicologia possuem clínicas-escolas, que atendem gratuitamente ou por valores simbólicos.

FRANCISCO
Esta descoberta abalou a confiança que eu tinha no meu filho. Como vou monitorar a situação? Terei que vigiá-lo constantemente?

TIAGO
Além de contar com a ajuda de um psicólogo, você precisa colocar algumas ações em prática. A primeira delas é responsabilizar seu filho pelo ato que ele cometeu. Quando algo assim acontece, os pais precisam deixar claro que a confiança que tinham no jovem foi fortemente abalada e que, portanto, sua rotina de liberdade vai mudar. Baladas até altas horas, dormir na casa de amigos, não voltar para casa logo depois da escola, entre outras concessões, tudo isso deve ser cortado.

> VOCÊ DEVERÁ VALORIZAR TODAS AS MUDANÇAS POSITIVAS E CONQUISTAS QUE ELE ALCANÇAR, MESMO QUE SEJAM PEQUENAS.

Você não precisa, no entanto, transformar sua casa numa prisão. Basta retomar um pouco o controle sobre ele, já que seu filho deverá ter a oportunidade de mostrar que é capaz de recuperar sua confiança. Sim, eu sei que é difícil fazer isso, mas nesse caso você não tem escolha. Use sua carga de "bateria" extra e seja firme.

Caso o consumo de maconha esteja muito intenso, é possível que os atuais amigos sejam os principais agentes de tentação para que ele fume novamente. Em casos mais extremos, podem ser indicadas medidas mais drásticas, como a mudança de escola e até de residência. Isso tudo dependerá do nível de envolvimento do seu filho com a droga, nível que deverá ser avaliado pelo profissional que cuidar do caso. Reforço, mais uma vez, que é essencial contar com a experiência de um profissional nesse momento.

Também será importante que você tenha boa vontade para retomar a confiança no seu filho. Você deverá valorizar todas as mudanças positivas e conquistas que ele alcançar, mesmo que sejam pequenas. Não confunda aumento de controle e observação com desconfiança constante. É muito difícil sentir-se motivado para mudar quando as pessoas que amamos não demonstram que acreditam na nossa capacidade de mudança.

FRANCISCO
Quanto tempo leva para que um jovem se torne viciado em maconha?

TIAGO
Não é possível determinarmos o tempo ou a quantidade de uso necessários para que um indivíduo se torne dependente de qualquer tipo de droga. Há pessoas que se viciam muito rápido, outras demoram anos, e algumas não chegam à dependência. Sabemos que para cada tipo de droga existe uma possibilidade maior ou menor. A maconha não está entre as mais agressivas quando o assunto é dependência.

No entanto, você só saberá a qual grupo de usuários seu filho faz parte quando o fato estiver concretizado. No caso da maconha, a constatação do vício é bem complicada. Muitos usuários acreditam não serem viciados porque são capazes de passar longos períodos sem a droga, mas este não é um argumento seguro. Para que a falta da maconha provoque um processo de abstinência, o usuário precisa estar em um estágio avançado de vício. É provável que, neste caso, ele já faça uso bastante intenso da substância, talvez diário.

Na verdade, não existe um consenso na área da saúde sobre a dependência gerada pela maconha. Algumas pesquisas defendem que esta é uma droga que não causa vício. No entanto, acompanho inúmeros casos no meu consultório que, por experiência vivencial, comprovam: maconha vicia, sim!

FRANCISCO
Se não posso mudá-lo de escola para cortar sua convivência com os adolescentes que são usuários de drogas, como posso convencê-lo de que essas são más companhias?

TIAGO
Este é um dos motivos para a indicação de uma terapia. Dificilmente os pais conseguirão, sozinhos, fortalecer o filho para que ele mude o grupo de relacionamento. Isso é complicado e levará tempo. É necessário avaliar quais são as características emocionais e comportamentais presentes no seu filho que o fazem se identificar com o grupo de usuários. A solução não é apenas afastá-lo do grupo, mas ajudá-lo a mudar a maneira

que ele se posiciona em relação à vida, de modo displicente com a própria saúde, inconsequente diante dos perigos que qualquer droga pode trazer. Se isso não acontecer, ele sempre encontrará um novo grupo com os antigos problemas. Em resumo, para que se afaste do grupo, ele terá que reconhecer nele o que o faz se identificar com aquelas pessoas. Só assim ele terá uma chance de real afastamento do problema.

FRANCISCO
O que acontece se, na minha juventude, eu já tiver experimentado maconha? Se meu filho descobrir, eu perco toda a autoridade para proibi-lo? Minha esposa chegou a cogitar que, se nosso filho quisesse experimentar a droga, fizéssemos juntos, para evitar riscos. Deveríamos ter feito assim?

TIAGO
Você só perderá a autoridade se não estiver absolutamente convicto de que seu filho não deve fazer uso da droga. A forma que você lidará com essa situação será determinante, e você deverá demonstrar muita firmeza no seu posicionamento. Eu adotaria o seguinte discurso: "Ao longo da minha vida, cometi e ainda cometerei muitos erros, filho! Este foi apenas um deles. Sei que você, assim como eu, também cometeu e cometerá tantos outros. Faz parte da vida. No entanto, espero do fundo do meu coração que você faça dos seus erros um aprendizado, pois foi o que fiz dos meus. Aprendi, por exemplo, que experimentar uma

droga é perigoso e que eu não deveria ter feito isso. Este aprendizado me concede o direito de orientá-lo e, se necessário, proibir que você cometa o mesmo erro".

Sobre a sugestão da sua esposa, sou absolutamente contra a ideia de pais consumirem drogas junto com os filhos. Além de estimular o consumo, é um ato ilícito. O argumento de que "é melhor fazer comigo e sob meu olhar" não funciona e é perigoso. A mensagem que o jovem recebe, neste caso, é bem confusa. Se ele puder experimentar a droga com vocês, por que ele seria proibido de fumar depois?

Por fim, vale lembrar que um dos motivos da maconha ainda ser uma droga ilícita corresponde ao fato de que seu uso pode causar esquizofrenia e depressão. Você ainda encontrará profissionais da saúde que divergem sobre a dependência (se ela existe ou não), mas uma questão é consenso: maconha pode, realmente, causar esquizofrenia e depressão.

Eu trabalhei durante vários anos numa clínica psiquiátrica que atendia jovens com diagnósticos de esquizofrenia e depressão e posso afirmar, por experiência própria, que o desencadeamento destas patologias pelo uso da maconha é bem mais comum do que se imagina. Este, sim, é o melhor argumento que você deve apresentar ao seu filho.

19.
"SOU O ÚNICO QUE NÃO PODE TRAZER A NAMORADA PARA DORMIR EM CASA"

MALU, MÃE DE ARTHUR, 17 ANOS
Assim como muitos adolescentes desta geração, sei que meu filho tem uma vida sexual ativa com a namorada. Com isso, estou numa situação complicada: ele me pediu para trazê-la para dormir em casa. Ou seja, usar o quarto dele como "motel". Confesso que isso seria bastante constrangedor para mim, e não sei como agir.

TIAGO
Você já notou que estamos criando uma geração de jovens que não querem crescer? A explicação é muito simples: a vida que eles levam é aparentemente mais interessante que a dos adultos! Eles podem fazer

tudo o que um adulto faz de legal e prazeroso, mas não precisam pagar o preço para isso. Dormir com a namorada ou namorado no quarto ao lado dos pais é um ótimo exemplo. Gerações anteriores viviam num mundo cheio de restrições que lhes faziam desejar conquistar autonomia. Esta liberdade só acontecia quando tivessem condição de "bancar" a própria casa, o que dependia de amadurecer, ter responsabilidade, ter um trabalho e realmente crescer, para que se tornassem donos das suas vidas e do seu espaço. A partir daí, e somente assim, poderiam ter uma vida sexual com mais liberdade.

Como psicólogo que acompanha diariamente uma quantidade enorme de adolescentes com dificuldades de se comprometerem com as obrigações de uma vida mais madura, minha opinião é muito clara: não, você não deve deixar seu filho dormir com a namorada na sua própria casa.

Os pais precisam perceber que devem dificultar um pouco a vida do filho, o que deve ser feito para o bem dele, incentivando seu crescimento e amadurecimento. E como é que se faz isso? De diversas formas, e uma delas é não permitindo que ele faça a sua casa de motel.

É como se os pais dissessem: "Tudo bem, você quer trazer alguém para dormir aqui porque acha que a sua maturidade lhe permite. Uma pessoa que quer desfrutar de maturidade também tem que entregar isso para o mundo. Talvez você precise ter sua casa, sua grana, investir em si mesmo. Só assim poderá conquistar a liberdade que você quer que eu lhe dê agora, que é a de um adulto totalmente responsável por sua vida".

Portanto, impedir que o filho durma no quarto com a namorada é afirmar que, se ele quer viver coisas de adulto, que amadureça e aja como tal. Que ele busque essa vida mais responsável e invista na conquista da sua autossuficiência. Se não houver esta cobrança, tudo fica muito fácil e, depois, o difícil será vê-lo querer ir para o mundo, para a vida real, para abraçar sua independência.

No caso de uma família em que os filhos já estão comprometidos com seus objetivos, sabem o que querem da vida e estão estudando, batalhando, pensando no futuro, talvez esse discurso não faça tanto sentido assim. Para a maioria dos jovens que eu conheço, porém, é importante criar dificuldades. Elas fazem com que o jovem queira crescer. Ele vai ficar bravo e vai xingar os pais, mas isso também faz parte do amadurecimento.

Na minha visão, o principal problema de deixar um adolescente dormir e fazer sexo com a namorada ou namorado no quarto, colocando de lado as questões de valores que cada família carrega, está no simples fato de que a vida dele fica muito cômoda. Ele pode qualquer coisa, não precisa sair de sua zona de conforto para conquistar nada. Com 18 anos ganha um carro, antes disso já transa no próprio quarto, tem mesada pelo cartão de crédito, já pode viajar sozinho, decide a que horas chega em casa...

Ou seja, a vida está ficando tão confortável, tão gostosa, que não existe nenhuma dificuldade ou restrição para que ele queira ou precise amadurecer. Para muitos jovens cujos pais proíbem as coisas, crescer é o único meio de conseguir o que desejam. Quem não enfrenta proibições na adolescência provavelmente não vai conseguir olhar para o futuro e pensar: "Ok, agora não posso, mas quando for minha vez, quando chegar lá na frente, eu vou conquistar isso". Não há nada que ele precise fazer, porque já está tudo ao seu alcance. Ou seja, a limitação do sexo na casa dos pais pode ser uma boa maneira de ensinar essa lição na prática.

MALU
Olhando por outro ângulo, não é mais seguro que ele faça sexo em casa do que em outros lugares? Como ele já tem carro, tenho medo que estacionem em algum lugar público e transem na rua. E que sejam assaltados, sequestrados...

TIAGO
Quem garante que ter o quarto disponível evitará que eles transem no carro? Precisamos entender que boa parte da motivação para transar em lugares diferentes ou arriscados é que, muitas vezes, pode ser mais excitante do que no quarto. Então, é provável que seu filho transe no carro e na mesma noite vá para casa transar no quarto.

Essa ideia de controle é totalmente ilusória. O pai e a mãe não vão poder controlar certas coisas, ou saber onde o filho está o tempo inteiro. Eles só terão algum controle, naturalmente, quando o adolescente estiver em casa. De todas as vezes em que o filho fizer sexo em qualquer outro lugar – e elas acontecerão –, os pais não farão a menor ideia. Por isso, o contra-argumento de "saber o lugar" ou "não querer que ele faça no carro" é inválido. É um erro clássico assumir que se deve ceder porque, assim, você terá o controle da situação. Resumindo, a ideia é que seu filho tenha dificuldade para conseguir fazer sexo dentro ou fora de casa. E quando quiser fazer, vai ter que se virar para arranjar um espaço. Portanto, vai fazer menos, ou então vai batalhar para finalmente conquistar sua independência!

MALU
E a excitação de ser proibido? Isso não vai fazer com que eles queiram transar ainda mais?

TIAGO
Não! Fazer escondido é até necessário, ajuda no desenvolvimento neuropsicológico. Todo adolescente precisa acreditar que está transgredindo, indo contra as regras, e ele buscará isso de uma forma ou de outra. Se puder fazer tudo ou quase tudo, procurará transgredir em situações mais perigosas. Impor proibições permite que haja um certo controle sobre o grau das transgressões. Se você não deixar que ele transe com a namorada em casa, a transgressão será, provavelmente, fazer isso escondido de você. É melhor que ele se sinta "ousado" numa transa secreta em casa do que na escada de incêndio do *shopping* ou no banheiro da balada.

20.
"NÓS FICAMOS JUNTAS, MAS EU NÃO SOU *GAY*"

CARLOTA, MÃE DE SOFIA, 17 ANOS
Soube que a minha filha beijou uma amiga na balada. Ela já teve alguns namorados e foi bastante apaixonada por um garoto, então estou bem confusa. Será que ela é *gay*?

TIAGO
Não! O fato de sua filha ter beijado outra garota não indica homossexualidade. Há várias hipóteses para que, cada dia mais, adolescentes vivam experiências entre o mesmo sexo. E não são apenas as meninas que estão se permitindo viver tais experiências, os meninos também – ainda que em menor escala.

A primeira hipótese diz respeito ao momento histórico em que vivemos. Nas últimas décadas houve uma transformação muito grande em relação à liberdade sexual. Dia após dia, o sexo está deixando de ser um tabu em diversas sociedades, incluindo a nossa. Esta mudança é bastante positiva, devo afirmar. O preconceito em relação às diferentes orientações sexuais tem diminuído, e a liberdade para vivermos nossas escolhas é crescente. Muito ainda precisa mudar até que se atinja o concreto respeito às diferenças, mas estamos vivenciando um processo de evolução na aceitação de modelos de relacionamentos e orientações sexuais que fujam dos padrões tradicionais.

Conforme a sociedade passa a entender a sexualidade de maneira mais diversa, ocorre uma diminuição do olhar castrador. O que antes era recriminado, muitas vezes proibido, passa a ser compreendido. Enquanto, no passado, jovens casais heterossexuais não ficavam à vontade para se beijarem em público, hoje é comum que duas meninas se beijem no meio de uma festa.

Outra hipótese diz respeito às mudanças na educação familiar. A educação atual permite que as crianças sejam mais protagonistas das suas escolhas. É notável que elas vêm, cada vez mais, determinando o quê, quando e como farão algo. Essa liberdade é ainda mais ampliada na chegada da puberdade, quando os desejos relacionados à sexualidade são enormes, e os jovens procuram viver o maior número possível de experiências.

Uma terceira hipótese está relacionada à necessidade que os jovens têm de quebrar paradigmas, de ir contra o padrão estabelecido, como já comentamos no item 16.

Jovens precisam sentir que estão fazendo algo que esteja fora das normas, que desafie aquilo que se espera deles e, por mais que a sociedade esteja ampliando um olhar permissivo sobre a vivência da sexualidade, presenciar dois adolescentes do mesmo sexo se beijando ainda causa certo desconforto e gera um olhar repressor, principalmente da família e da escola. Assim, viver experiências desse tipo é algo interessante para os jovens mais rebeldes.

> **GERALMENTE, QUANDO DUAS MENINAS SE BEIJAM, OS MENINOS FICAM EXTREMAMENTE EXCITADOS. SABENDO DISSO, AS MENINAS SENTEM-SE ESTIMULADAS A PROVOCAR OS GAROTOS.**

A quarta hipótese refere-se ao impacto que tal atitude gera no próprio grupo de amigos adolescentes. Geralmente, quando duas meninas se beijam, os meninos ficam extremamente excitados. Sabendo disso, as meninas sentem-se estimuladas a provocar os garotos.

As meninas, por outro lado, não se sentem atraídas pela imagem de dois garotos se beijando. As interações homossexuais entre garotos que não sejam definitivamente *gays* não têm como objetivo seduzir as meninas, mas são provocadas pelo atual estímulo de "experimentar de tudo".

Eu acredito, na verdade, que esta maior flexibilização nos relacionamentos afetivos entre os jovens resulta da combinação de todas as hipóteses citadas. Tem havido uma diminuição do olhar castrador que a sociedade exerce sobre diferentes comportamentos sexuais, o que leva à percepção de que nada é tão proibido. Ao mesmo tempo, como a educação familiar passou a ser mais permissiva em relação às escolhas dos filhos, viver as diferentes descobertas da sexualidade ficou mais possível. Assim, quando a puberdade chega, trazendo o desejo pelo sexo, o jovem encontra menos barreiras para fazer diferentes experimentações. Mais do que isso, num ambiente em que tudo é visto com muito mais naturalidade do que nas gerações anteriores, essas experimentações são incentivadas pelo meio em que os adolescentes convivem, entre seus amigos. Mesmo quando existe um olhar proibitório, o estímulo está presente, porque, repito, o proibido é altamente estimulante para um adolescente. E, no caso das meninas que se beijam, reforço que muitas vezes o objetivo é provocar, no sentido de excitar, o sexo oposto.

Apesar de não podermos eliminar a hipótese da homossexualidade, o fato de sua filha ter beijado outra menina não é determinante para afirmarmos que esta seja a orientação sexual dela.

CARLOTA
E como devo agir, agora que sei dessa atitude da minha filha?

TIAGO
Eu a aconselho a agir com naturalidade, deixando o espaço bem aberto para o diálogo. Isso não significa que você não deva orientá-la. Comece observando

se o comportamento dela é inadequado e use como parâmetros os mesmos critérios que usaria se ela estivesse se relacionando com um menino. Ou seja, veja se ela está sabendo quando, onde e como deve vivenciar estes momentos de afeto. Mesmo para o comportamento heterossexual, existe um manual de boas condutas que deve ser estendido aos relacionamentos homossexuais. Puxe boas conversas, saiba ouvir e a oriente sobre o que a atitude dela representa. Deixe qualquer tipo de preconceito de lado e aproxime-se do universo ao qual ela pertence: a adolescência! Leve em consideração tudo que já foi dito aqui e não exagere na preocupação.

Caso observe que o comportamento dela está gerando sofrimento ou consequências ruins, redobre os esforços para compreender o que está acontecendo, aumente os momentos de troca e conversa e, se necessário, leve-a a um psicólogo. O sofrimento não deve ser encarado como normal.

CARLOTA
E se ela for mesmo homossexual, o que eu devo fazer?

TIAGO
Neste caso, redobre a atenção sobre o emocional da sua filha. Descobrir-se homossexual costuma ser muito angustiante para o adolescente, e contar com o apoio da família faz toda a diferença.

Na maioria das vezes, o adolescente que se percebe homossexual tem medo de como a família, os amigos e a sociedade em geral receberão a notícia. Muitos acreditam que a família não vai acolhê-los e temem o abandono e a negação de afeto e carinho. É comum, também, que sintam receio de decepcionar os pais. Ainda que vivam em uma sociedade menos preconceituosa e tenham amigos mais acolhedores em relação às diferenças, estes adolescentes ainda têm medo do preconceito e exclusão. Isso sem contar com a dificuldade de entender o que esta descoberta representa: como se pode ter certeza, por exemplo.

Por tudo isso, é primordial que você crie ainda mais momentos de diálogo, que se mostre sempre aberta a ouvir, e, se perceber que a angústia está muito grande, busque ajuda de um psicólogo.

Acima de tudo, é fundamental que se entenda que a homossexualidade não é uma doença. O desenvolvimento saudável da sexualidade do jovem não depende de ele ser homo, hétero ou bissexual, mas de como ele, sua família e o grupo com o qual ele convive lidam com sua orientação. E volto a enfatizar: o apoio familiar é o que pode existir de mais valioso para este jovem e será absolutamente imprescindível neste processo.

CAPÍTULO 4

Maioridade

21.
"FIZ 18, NINGUÉM MANDA MAIS EM MIM"

HELENA, MÃE DE NICHOLAS, 17 ANOS
Meu filho vive dizendo que falta pouco para completar 18 anos e que, logo mais, ele poderá fazer tudo o que eu o impeço de fazer hoje. Como poderei manter os limites?

TIAGO
Essa é uma "ameaça" comum feita por adolescentes, mas até mesmo os pais de crianças mais jovens já ouviram isso. Crianças e adolescentes adoram flertar com a possibilidade da liberdade absoluta. Imaginar que, aos 18 anos, eles poderão ganhar o mundo e fazer tudo o que quiserem é muito tentador. Mas você não precisa ficar angustiada com isso.

HELENA
Como não ficar angustiada? Ele acha que terá direito à liberdade total. Que terá seu carro para ir e vir quando quiser, que poderá frequentar todas as festas e baladas sem me dar satisfação, que viajar com os amigos e dormir fora será algo frequente e que não precisará mais me dizer com quem anda ou para onde vai.

TIAGO
Essa é apenas a visão dele. O que você precisa perceber é que esta é uma excelente oportunidade para que você explique ao seu filho a diferença entre liberdade e autonomia. Muitas pessoas acabam fazendo uma enorme confusão com essas duas palavras. Embora sejam conceitos que caminham juntos, liberdade e autonomia não são sinônimos, como muitos jovens acreditam que sejam.

Liberdade é algo que conquistamos naturalmente, com a idade. Quando crescemos, ganhamos a liberdade de dirigir, viajar sozinhos para outros estados, frequentar motéis e consumir bebidas alcoólicas, não é mesmo? No entanto, a autonomia para que isso possa acontecer precisa ser conquistada. Afinal, muitas dessas coisas estão ligadas também à independência financeira.

Acredito que, em vários aspectos de nossas vidas, conhecer essa sutil e importante diferença é fundamental para nosso sucesso e felicidade. Seu filho está dizendo que, ao chegar à maioridade, poderá fazer tudo o que quiser? Ótimo, isso é um sinal de saúde emocional.

Gosto de conhecer crianças e adolescentes ansiosos por tomarem as rédeas de suas vidas nas mãos, jovens dispostos a ganhar o mundo e fazer as próprias escolhas, desenvolvendo suas identidades. Mas é importante também que os pais ensinem a eles a diferença entre ganhar liberdade e conquistar autonomia.

HELENA
Não tenho a menor ideia de como explicar essa diferença ao meu filho de uma maneira clara, que o faça compreender.
Ele entrou na faculdade e vai ganhar um carro, como foi prometido. Será que estou dando ao meu filho a chance de se aproveitar de uma autonomia não conquistada?
Além disso, eu sempre disse que beber antes dos 18 anos é crime, mas agora não será mais! Se ele consumir bebida com frequência, devo interferir?
Você tem alguma sugestão que torne esse momento de transição um pouco mais tranquilo para mim?

TIAGO
Uma maneira simples é dar exemplos práticos, do cotidiano. Com 18 anos, o adolescente pode dirigir, mas que carro? Se vai ganhar o carro, como no seu caso, como conseguirá bancar o combustível? Nesta idade, já pode também viajar sozinho, mas com que dinheiro?
Deixe claro para o seu filho que a maioridade trará de presente uma série de possibilidades, mas ele

precisará assumir algumas responsabilidades para desfrutar delas, como investir em conhecimento, estudar e trabalhar. A boa notícia? Isso também é legal.

Tão gostoso quanto ganhar liberdade é saber conquistar a autonomia. Quanto antes nos damos conta disso, mais chances temos de sermos felizes e bem-sucedidos.

> **TÃO GOSTOSO QUANTO GANHAR LIBERDADE É SABER CONQUISTAR A AUTONOMIA.**

Não é apenas com diálogo que ensinamos aos filhos essas diferenças. O modo de educar é determinante para que eles possam entender certos conceitos. Para saber se está no caminho certo, avalie como andam os acordos estabelecidos entre vocês. Por exemplo, quando ele consegue algo que queria, isso é um ganho ou uma conquista? Se conquistou alguma coisa, significa que seu esforço pessoal contribuiu para aquilo. Caso contrário, ele simplesmente ganhou.

Só não vale considerar a insistência como esforço pessoal. Pedir algo diariamente para os pais e vencer pelo cansaço é bem diferente de batalhar pelo que se quer. Se ele deseja um celular, o esforço pessoal está em guardar dinheiro da mesada ou arrumar um emprego. Se for uma viagem com os amigos, é pesquisar o melhor preço de passagens, ajudar os pais na economia doméstica ou algo parecido. Se ele quer ir a uma festa com os amigos, o caminho é mostrar maturidade suficiente, cumprindo com os horários combinados e escutando as recomendações dos pais.

Portanto, quando ouvir seu filho dizer que aos 18 anos ele ganhará o mundo e fará tudo o que tem vontade, estimule essa ideia, não tenha medo. Basta incluir o conceito de autonomia, e pronto: só coisas boas virão disso. Até porque, se o seu filho não for capaz de conquistar esta maturidade, nada realmente mudará com a chegada da maioridade.

O mesmo se aplica ao consumo de álcool. Ao fazer 18 anos, ele ganha a liberdade para consumir bebida alcoólica, mas isso não significa que ele possa ficar embriagado. Passar dos limites com a bebida é prejudicial a ele e, como mãe, você deverá interferir quando isso acontecer. Ou seja, seu filho deverá conquistar o direito de consumir bebida alcoólica demonstrando maturidade.

Caso ele comece a chegar em casa com sinais de embriaguez, será necessário um bom diálogo. Não queira levar este papo enquanto ele estiver num estado alterado de consciência, claro! Aguarde os efeitos do álcool passarem, sente-se com ele e tenha uma importante conversa. Retome pontos sobre a saúde, os perigos que derivam de estar alcoolizado (fazer escolhas erradas, por exemplo) e esclareça as regras da casa. Se nada disso adiantar e seu filho continuar demonstrando descontrole em relação à bebida, será a hora de mostrar para ele que nada mudou com a chegada dos 18 anos. Trate-o como o adolescente que ele continua sendo. Se considerar necessário, proíba baladas e contato com os amigos, por exemplo. E lembre-se: sua casa, suas regras! Mesmo que ele tenha 40 anos.